钢铁职业汉语教程

梁卫格 ◎ 主编

中国广播影视出版社

图书在版编目（CIP）数据

钢铁职业汉语教程 / 梁卫格主编 . -- 北京：中国广播影视出版社，2023.10
ISBN 978-7-5043-9125-4

Ⅰ.①钢… Ⅱ.①梁… Ⅲ.①钢铁工业—汉语—对外汉语教学—教材 Ⅳ.①H195.4

中国国家版本馆 CIP 数据核字（2023）第 195745 号

钢铁职业汉语教程
梁卫格　主编

责任编辑　王　波
责任校对　龚　晨
装帧设计　中北传媒

出版发行　中国广播影视出版社
电　　话　010-86093580　010-86093583
社　　址　北京市西城区真武庙二条 9 号
邮政编码　100045
网　　址　www.crtp.com.cn
电子邮箱　crtp8@sina.com

经　　销　全国各地新华书店
印　　刷　三河市龙大印装有限公司

开　　本　710 毫米 ×1000 毫米　　　1/16
字　　数　106（千）字
印　　张　8.75
版　　次　2023 年 10 月第 1 版　　2023 年 10 月第 1 次印刷

书　　号　978-7-5043-9125-4
定　　价　55.00 元

（版权所有　翻印必究·印装有误　负责调换）

编委会

主　　编：梁卫格
执行主编：陈　欣
副 总 编：孟晁屹　梁　健　李雪婷
　　　　　朱　敏　姜欣禹

前　言

随着"一带一路"倡议被广泛认同，中马两国在马来西亚东海岸彭亨州关丹共建马中产业园，吸引更多中国企业和马来西亚企业合作。有鉴于此，懂得多种外语的人才更是受到欢迎。一般情况，马来西亚人至少掌握双语，即马来语和英语。其中一些华人和印度人掌握中文及泰米尔语。然而，在马来西亚有三大民族，其中以马来人居多。培养本土人才掌握中文存在着巨大的发展空间，有待孔子学院发掘与培训。河北大学承办的彭亨大学孔子学院依据"一带一路"倡议下"中文+职业"的发展，按照"社会急需、服务行业、特色办学"的原则，为中马职业技能行业输送优质人才；同时面向"一带一路"倡议下职业技能行业的需求确立专业人才培养目标，在校企双方的紧密合作中，充分发挥马来西亚彭亨大学孔子学院的专业优势，为社会培养专业对口的应用型人才。

彭亨大学孔子学院早在2018年就开始为马中产业园联合钢铁公司进行了"工业汉语培训"。然而，钢铁工业在炼铁、炼钢、轧钢等不同厂部都有特定术语，即使是当地华人员工懂得日常交际汉语，也不了解钢铁工业的中文术语，更何况非华裔汉语零基础的员工。混合钢铁工业各厂部的员工一起进行培训，无法满足各钢铁工业厂部对员工的汉语需求。因此，河北大学孔子学院工作中心与彭亨孔子学院一直计划根据钢铁工业的特点，针对性地开展"中文＋钢铁工业"的培训，同时编写适合"中文＋钢铁工业"的教材。

  2022年5月19日，彭亨大学孔子学院在马来西亚彭亨州马中关丹产业园联合钢铁公司举办了彭亨大学孔子学院教学点授牌仪式。中国驻马来西亚大使馆大使及夫人、教育处参赞、政治处参赞及相关部门代表，彭亨大学理事会主席、校长、副校长及彭亨孔子学院中外方院长、各学院院长，联合钢铁公司总工程师、各部门领导，马来西亚东海岸投资管理部高级经理，中国东盟商务协会文教发展委员会及陕西国际产能合作促进中心、河北省国际商会驻马来西亚联络处领导及中国驻马来西亚媒体、马来西亚本地媒体机构负责人员莅临仪式现场，出席了仪式庆典活动。河北大学校长康乐院士、中国国际中文教育基金会副理事长、秘书长赵灵山也给活动发来视频和贺信。彭亨大学孔子学院联钢教学点的授牌成立，将推动马来西亚东海岸的经贸发展、中马语言文化教育交流，助力中国和马来西亚的多元合作向更深、更广处发展，不断增进两国人民友谊，共同繁荣发展。

  河北大学孔子学院工作中心与马来西亚彭亨大学孔子学院紧密合作，把已有的HSK辅导课程打造成品牌专业，协助东海岸汉语学习者设定学习目标。彭亨孔子学院以"中文＋钢铁"为亮点，不断改善汉语国际教育的内容，提升汉语教育的水准，力争把彭亨孔子学院建设为"中文＋职业教育"的重要基地。彭亨孔子学院一直探索校企合作的新体制、新机制，建立人才共育、过程共管、成果共享、责任共担的办学新模式，提高专业教师队伍水平和培训服务能力等方面，发挥引领东海岸地区乃至马来西亚全国的汉语中心的骨干作用。同时，彭亨孔子学院将通过语言活动、开展中华文化活动、职业技能培训等方式，促进当地员工对汉语的掌握和职业技能，拓展"中文＋职业"

前言

成才路径。

彭亨孔子学院联合钢铁（大马）集团公司汉语教学点于 2022 年 6 月 7 日开始授课，首期培训将针对联合钢铁公司焦化厂的一百多名工人（将根据工人作息表，设置四个班级）进行教学，由语合中心志愿者处派遣的志愿者教师主要承担该教学点的专业汉语培训和相关文化活动开展工作。同年 7 月初，以联钢公司焦化厂工人为主体学员的第一期职业汉语培训正式开始，11 月中旬结束。第二、三、四期"中文＋钢铁"职业培训先后于 2022 年 10 月、12 月分批次、分厂区开始。2023 年 2 月 27 日，马来西亚彭亨大学孔子学院 2023 年第一期"中文＋钢铁"职业汉语培训工作拉开序幕。来自马中关丹产业园联钢公司轧钢厂的 66 名员工，将于 2 月 27 日至 6 月 9 日参加本期培训课程。迄今为止，彭亨孔子学院"中文＋钢铁"项目已累计培训联钢学员 490 多人。

2022 年 8 月，河北大学孔子学院工作中心会同马来西亚彭亨大学孔子学院成立《钢铁汉语》教材编写组，着手专业汉语教材的整理、编写工作。目前，《钢铁汉语》教材编写组已完成《钢铁汉语》教材初稿。此教材整体上分为基础模块和专用模块两个模块，专用模块下分"焦化""炼铁""炼钢""轧钢"四篇，在遵循语言学习规律的同时，涵盖了钢铁制造环节中外籍学习者可能遇到的方方面面的场景。为了让外籍"中文＋钢铁"汉语学习者在掌握汉语的同时，更多地了解中国的优秀传统文化和地域文化，更深地认识钢铁制造相关专业知识，编者们在如下几个方面做了努力。

一、以规律为圭臬，注重语言学习的规律性

钢铁汉语对外汉语教材同样属于语言，同样需要遵循语言学习的规律，我校组织从事对外汉语一线教学的教师深挖语言规律，把规律嵌入教材内容深处，方便学生的学习和记忆，使对外汉语学习达到事半功倍的效果。

二、以需求为导向，注重教材的针对形和实效性

所有课文均以日常工作话题为中心，以人物对话的形式展开。话题均为学生日常工作遇到的场景，具有很强的针对性。同时话题又紧跟时代的发展，比如在我们的课文中出现了目前最流行的支付方式微信支付，具有很强的实效性。我们的人物均采用马来西亚人常用的名字，使课文内容更加真实亲切。

三、以文化为根基，注重专业文化的嵌入性

每一篇课文都结合钢铁制造业实际工作场景，教授钢铁制造相应知识和操作的同时，融入中华文化小知识，激发外籍"中文＋钢铁"汉语学习者学习兴趣，使学生在全面深入了解专业知识的同时了解中国文化。

本书由中国河北大学孔子学院工作中心与马来西亚彭亨大学孔子学院等单位的国际中文教育教师编著，主编为中国河北大学孔子学院工作中心主任梁卫格，参编人员为马来西亚彭亨大学孔子学院六名一线教师，详细分工如下。

基础模块由陈欣、孟晃屹、朱敏、姜欣禹共同编写。专用模块中，焦化篇由梁健编写，炼铁篇陈欣和孟晃屹编写，炼钢篇由李雪婷编写，轧钢篇由朱敏和姜欣禹编写。

前言

　　本教材是中国教育部中外语言交流合作中心资助的 2021 年度国际中文教育创新项目《马来西亚东海岸"中文+职业技能"培训及教材开发》（项目负责人：梁卫格，项目批准编号：21YH005CX4）的成果之一。在本教材策划及编写过程中一直得到了中国教育部中外语言交流合作中心的指导，教材编写组由衷感谢中国教育部中外语言交流合作中心的全力支持与大力帮助。

　　教材编写组还要衷心感谢彭亨孔子学院联合钢铁（大马）集团公司领导及各部门对孔院教师提供教学工作及生活上的便利，感谢彭亨大学孔子学院马方院长杨银梅女士及中方院长王海艳副教授对教材编写过程中的指导及帮助。

　　本教材的编写过程有些仓促，再加上我们的能力有限，本教材可能存在一些问题与不足，不妥之处，敬请使用本教材的中外人士批评指正。

梁卫格
2023 年 6 月 8 日

目 录

dǎo dú piān
导读篇

dì yī jiē duàn　　jī chǔ piān
第一阶段　基础篇 ································· 001

tōngyòng piān
通用篇

dì yī kè　　miàn　shì
第一课　面　试 ································· 003

dì èr kè　　gōng zuò rì qī hé shí jiān
第二课　工作日期和时间 ··················· 009

dì sān kè　　gōng zuò hé shēng huó
第三课　工作和生活 ··························· 015

dì sì kè　　gōng sī chǎng suǒ
第四课　公司场所 ······························ 020

dì wǔ kè　　ān quán dì yī
第五课　安全第一 ······························ 025

dì èr jiē duàn　　zhuānyòng piān
第二阶段　专用篇 ································· 031

jiāo huà piān
焦化篇

dì liù kè　　dān wèi yǔ gǎng wèi
第六课　单位与岗位 ··························· 033

dì qī kè　　jiāo huà chǎng shè bèi
第七课　焦化厂设备 ··························· 040

dì bā kè　　jiāo huà chǎng gōng jù
第八课　焦化厂工具 ··························· 046

dì jiǔ kè　　gōng zuò zhí zé yǔ diǎn jiǎn
第九课　工作职责与点检 ··················· 051

I

钢铁职业汉语教程

liàn tiě piān
炼铁篇

dì shí kè　　dān wèi yǔ gǎng wèi
第十课　单位与岗位 ·· 057

dì shí yí kè　　liàn tiě chǎng shè bèi
第十一课　炼铁厂设备 ·· 063

dì shí èr kè　　liàn tiě chǎng gōng jù
第十二课　炼铁厂工具 ·· 069

dì shí sān kè　　gōng zuò zhí zé yǔ diǎn jiǎn
第十三课　工作职责与点检 ·· 075

liàn gāng piān
炼钢篇

dì shí sì kè　　dān wèi yǔ gǎng wèi
第十四课　单位与岗位 ·· 081

dì shí wǔ kè　　liàn gāng chǎng shè bèi
第十五课　炼钢厂设备 ·· 086

dì shí liù kè　　liàn gāng chǎng gōng jù
第十六课　炼钢厂工具 ·· 092

dì shí qī kè　　gōng zuò zhí zé yǔ diǎn jiǎn
第十七课　工作职责与点检 ·· 097

zhá gāng piān
轧钢篇

dì shí bā kè　　dān wèi yǔ gǎng wèi
第十八课　单位与岗位 ·· 103

dì shí jiǔ kè　　zhá gāng chǎng shè bèi
第十九课　轧钢厂设备 ·· 107

dì èr shí kè　　zhá gāng chǎng gōng jù
第二十课　轧钢厂工具 ·· 112

dì èr shí yī kè　　gōng zuò zhí zé yǔ diǎn jiǎn
第二十一课　工作职责与点检 ······································ 116

cān kǎo wén xiàn
参考文献 ··· 122

导读篇

rén wù
人 物
Characters

| hā fēi zī 哈菲兹 | Hafiz |
| fǎ dì lā 法蒂拉 | Fadilah |

kè táng yòng yǔ
课 堂 用 语
Classroom expression

shàng kè 上 课	Class begin
xià kè 下课	Class is over
lǎo shī hǎo 老师好	Hello, Miss
tóng xué men hǎo 同学们好	Hello, everyone
gēn wǒ dú 跟我读	Read after me
zài dú yī biàn 再读一遍	Once again, please
yī qǐ dú 一起读	Read together

001

hàn yǔ pīn yīn
汉语拼音
Chinese pinyin

yīn jié 音 节 Syllable	shēng mǔ 声 母 Initial	yùn mǔ 韵 母 Final	shēng diào 声 调 Tone
nǐ	n	i	ˇ

<table>
<tr><td colspan="2" align="center">zì mǔ biǎo
字母表
Alphabet</td></tr>
<tr><td colspan="2">Aa Bb Cc Dd Ee Ff Gg Hh Ii Jj Kk Ll Mm Nn Oo
Pp Qq Rr Ss Tt Uu Vv Ww Xx Yy Zz</td></tr>
<tr><td align="center">shēng mǔ
声 母
Initials</td><td align="center">yùn mǔ
韵 母
Finals</td></tr>
<tr><td>b p m f
d t n l
g k h
j q x
z c s
zh ch sh r</td><td>a o e i u ü
ai ei ao ou an en ang eng ong
ia ie iao iou ian in iang ing iong
ua uo uai uei uan uen uang ueng
üe üan ün</td></tr>
</table>

注:《汉语拼音方案》中声母表没有 "y" "w", 韵母表没有 "er" "un"。

PS: There is no "y" or "w" in the initial table of "Chinese Pinyin Scheme", and no "er" or "un" in the final table.

shēngdiào
声 调
Tones

Chinese has four basic tones, respectively called the 1st tone, the 2nd tone, the 3rd tone and the 4th tone. Different tone make different meaning.

ā	á	ǎ	à

第一阶段 基础篇

dì yī kè　miàn　shì
第一课　面　试
Lesson 1　Interview

jiào xué mù biāo
教学目标
Teaching objects

◆ rì cháng wèn hòu yǔ
日常问候语

Daily greeting words

◆ zì wǒ jiè shào
自我介绍

Self-introduction

◆ shù zì
数字 1-10

Number

kè wén
课 文 1
Text 1

A：你好
　　nǐ hǎo

B：你好！
　　nǐ hǎo

A：你叫什么名字？
　　nǐ jiào shén me míng zi

B：我叫哈菲兹。
　　wǒ jiào hā fēi zī

A：你多大了？
　　nǐ duō dà le

B：我 24 岁。
　　wǒ   suì

A：你是哪里人？
　　nǐ shì nǎ lǐ rén

B：我是马来西亚人。
　　wǒ shì mǎ lái xī yà rén

A：你会说汉语吗？
　　nǐ huì shuō hàn yǔ ma

B：我不会说汉语，我会说马来语。
　　wǒ bù huì shuō hàn yǔ   wǒ huì shuō mǎ lái yǔ

A：你的手机号码是多少？
　　nǐ de shǒu jī hào mǎ shì duō shǎo

B：我的手机号码是 011-32465978。
　　wǒ de shǒu jī hào mǎ shì

A：好的，面试结束，再见。
　　hǎo de   miàn shì jié shù   zài jiàn

B：谢谢，再见。
　　xiè xie   zài jiàn

A：不客气。
　　bù kè qi

A：Hello!

B：Hello!

A：What's your name?

B：My name is Hafiz.

A：How old are you?

B：I'm 24 years old.

A：Where are you from?

B：I'm from Malaysia.

A：Can you speak Chinese?

B：I can't speak Chinese, I can speak Malay.

A：What's your phone number?

B：My number is 011-32465978.

A：Okay, that's the end of the interview, goodbye.

B：Thank you, byebye!

A：You're welcome.

第一课 面试

 kè wén
课 文 2
Text 2

zì wǒ jiè shào
自我介绍

dà jiā hǎo   wǒ jiào hā fēi zī   wǒ shì mǎ lái xī yà rén   wǒ jīn nián   suì   wǒ huì shuō mǎ lái yǔ
大家好！我叫哈菲兹，我是马来西亚人。我今年24岁。我会说马来语，
yīng yǔ   hěn gāo xìng rèn shi dà jiā
英语。很高兴认识大家！

self-introduction

Hello everyone! My name is Hafiz, from Malaysia. I'm 24 years old. I can speak Malay and English. Nice to meet you!

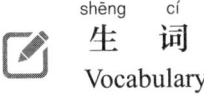 shēng cí
生 词
Vocabulary

| nǐ hǎo | míng zi | mǎ lái xī yà | huì / bù huì | hàn yǔ | mǎ lái yǔ |
| 你好 | 名字 | 马来西亚 | 会/不会 | 汉语 | 马来语 |

| yīng yǔ | miàn shì | shǒu jī hào mǎ | jié shù | zài jiàn | xiè xie |
| 英语 | 面试 | 手机号码 | 结束 | 再见 | 谢谢 |

bù kè qi
不客气

005

语法
Grammar

1. 人称代词

Personal pronoun

Personal pronoun is used to represent someone.

你	You
我	I

2. 会 / 不会

Can / Can't

Q：你会说汉语吗？

Q：Can you speak Chinese?

A：我会说汉语。

A：I can speak Chinese.

B：我不会说汉语。

B：I can't speak Chinese.

3. 数字 (shù zì)

Number

0	1	2	3	4	5	6	7	8	9	10
líng 零	yī 一	èr 二	sān 三	sì 四	wǔ 五	liù 六	qī 七	bā 八	jiǔ 九	shí 十

练习 (liàn xí)
Practice

一、匹配 (yī pǐ pèi)

Match the correct meaning

你好   Goodbye

再见   Name

名字   Malaysia

马来西亚   Hello

二、情景对话 (èr qíng jǐng duì huà)

Situation dialogue

You are a new staff in company, try to introduce yourself in Chinese to make others know more about you.

三、写汉字
Write Chinese characters

| nǐ | 笔顺：你 ノ イ 亻 伬 伱 你 你 |

| hǎo | 笔顺：好 ㄑ ㄠ 女 女 好 好 |

| wǒ | 笔顺：我 ノ 一 十 扌 我 我 我 |

| shì | 笔顺：是 丨 冂 日 日 旦 旦 早 昰 是 |

第二课 工作日期和时间
Lesson 2　Working date and working time

教学目标
Teaching objects

✧ 年月日表达

　Date expression

✧ 时间表达

　Time expression

✧ 时间状语

　Adverbial of time

课文 1
Text 1

A：哈菲兹，你明天有时间吗？

B：有时间，怎么了？

A：太好了！明天是我的生日。你能来参加我的生日聚会吗？

A：Hafiz, do you have time tomorrow?

B：Yes, I am available. What's wrong?

A：That's great! Tomorrow is my birthday. Could you join my birthday party?

B：当然可以，祝你生日快乐！   B：Of course, happy birthday to you!

A：谢谢！   A：Thank you!

B：我明天几点去呢？   B：What time will I go there tomorrow?

A：我们明天下午五点开始。   A：We will begin at 5:00 p.m.

B：好的，明天见！   B：Okay, see you tomorrow!

A：明天见！   A：See you tomorrow!

 课 文 2
Text 2

A：你好，我是新员工法蒂拉。   A：Hello, I am Fadilah, a new staff.

B：你好，法蒂拉。   B：Hello, Fadilah.

A：请问我什么时候开始上班呢？   A：May I ask when I start working?

B：下个月开始。   B：From next month.

A：好的，工作时间是几点呢？   A：Okay, how about the working time?

B：每天早上八点到下午六点。   B：From 8:00 a.m.to 6:00 p.m. every day.

A：好的，明白了，谢谢！   A：Okay, got it, thank you!

B：不客气。   B：You're welcome.

第二课　工作日期和时间

生　词
Vocabulary

nián 年	yuè 月	rì hào 日/号	rì qī 日期	jīn tiān 今天	míng tiān 明天
hòu tiān 后天	shí jiān 时间	diǎn 点	fēn 分	shēng rì 生日	kāi shǐ 开始
cān jiā 参加	jù huì 聚会	xīn yuán gōng 新员工	zǎo shang 早上	shàng wǔ 上午	zhōng wǔ 中午
xià wǔ 下午	wǎnshang 晚上	míng bái 明白			

语　法
Grammar

1. rì qī 日期

Date

			月份 yuè fèn		
			Month		
January	February	March	April	May	June
yī yuè 一月	èr yuè 二月	sān yuè 三月	sì yuè 四月	wǔ yuè 五月	liù yuè 六月
July	August	September	October	November	December
qī yuè 七月	bā yuè 八月	jiǔ yuè 九月	shí yuè 十月	shí yī yuè 十一月	shí èr yuè 十二月

011

xīng qī 星期 Week							
Monday	Tuesday	Wednesday	Thursday	Friday	Saturday	Sunday
xīng qī yī 星期一	xīng qī èr 星期二	xīng qī sān 星期三	xīng qī sì 星期四	xīng qī wǔ 星期五	xīng qī liù 星期六	xīng qī tiān 星期天

shí jiān
2. 时间

Time

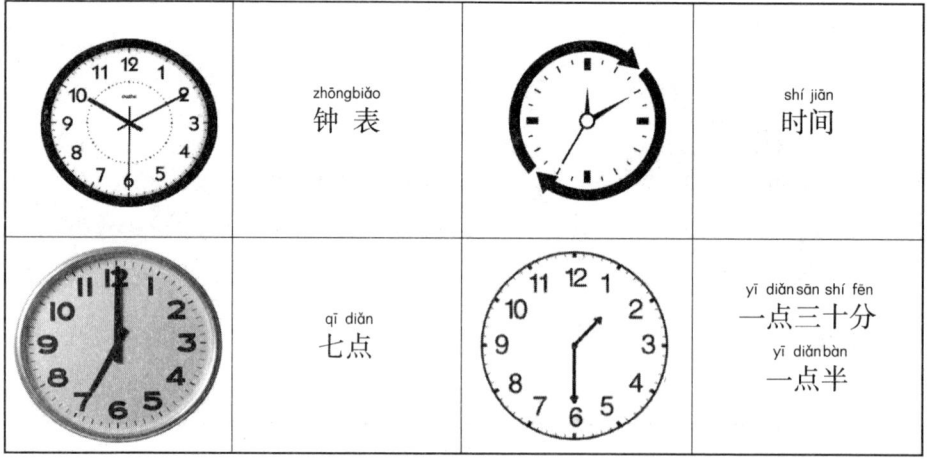

shí jiān zhuàng yǔ
3. 时间状语

Adverbial of time

biǎo shì shí jiān de cí yǔ zài jù zhōng zuò zhuàng yǔ shí   tōng cháng chū xiàn zài zhǔ yǔ yǔ wèi yǔ zhī jiān
表示时间的词语在句中做状语时，通常出现在主语与谓语之间。

When a time word is used as an adverbial in a sentence, it usually appears between the subject and the predicate.

第二课　工作日期和时间

nǐ jǐ diǎn qù shàng bān
Q：你几点去上班?

Q：When do you go to work?

wǒ bā diǎn qù shàng bān
A：我八点去上班。

A：I go to work at 8:00.

liàn xí
练　习
Practice

yī　 pǐ pèi
一、匹配

Match each question with the suitable sentence

jīn tiān xīng qī jǐ
1. 今天星期几?

nǐ shén me shí hou qù shāng chǎng
2. 你什么时候去商场?

nǐ jǐ diǎn xià bān
3. 你几点下班?

wǒ xià wǔ liù diǎn xià bān
A. 我下午六点下班。

jīn tiān xīng qī tiān
B. 今天星期天。

míng tiān
C. 明天。

èr　 qíng jǐng duì huà
二、情景对话

Situation dialogue

Introduce your daily schedule, such as the time of waking up, having meals and working.

013

三、写汉字

Write Chinese characters

年	nián 笔顺：年 ノ 一 ヒ 仁 仨 年
	年　　　年

月	yuè 笔顺：月 丿 冂 月 月
	月　　　月

日	rì 笔顺：日 丨 冂 月 日
	日　　　日

点	diǎn 笔顺：点 丨 卜 占 占 占 点 点 点
	点　　　点

分	fēn 笔顺：分 丿 八 分 分
	分　　　分

第三课　工作和生活
Lesson 3　Work and life

教学目标
Teaching objects

- 日常生活

  Daily work

- 交通工具

  Transportation

课文
Text

A：你去哪里？

B：我去上班，快要迟到了。

A：你几点打卡上班？

A：Where are you going?

B：I'm going to work, I'll be late for work soon.

A：What time do you check in?

B：我早上八点上班打卡，还有二十分钟。

B：I check in at 8:00 am in the morning, there are still twenty minutes left.

A：你今天起床太晚了，你吃早饭了吗？

A：You got up too late today, have you had breakfast yet?

B：没有，没时间吃早饭了。

B：No, there' no time for breakfast.

A：你怎么去上班？

A：How do you go to work?

B：我开车去上班。

B：I drive to work.

A：路上注意安全。

A：Pay attention to safety on the road.

B：好的。

B：Okay.

生 词
Vocabulary

shàng bān	xià bān	chí dào	xiū xi	qí dǎo	dǎ kǎ
上班	下班	迟到	休息	祈祷	打卡

qǐng jià	jià qī	chī fàn	zǎo fàn	wǔ fàn	wǎn fàn
请假	假期	吃饭	早饭	午饭	晚饭

kāi chē	zǒu lù	chéng bā shì	qí mó tuō chē	qí zì xíng chē	tī zú qiú
开车	走路	乘巴士	骑摩托车	骑自行车	踢足球

dǎ lán qiú
打篮球

语法 Grammar

1. 想 xiǎng

Subject + xiang + Verb.

Q：你想做什么？(nǐ xiǎng zuò shén me)

Q：What do you want to do?

A：我想请假。(wǒ xiǎng qǐng jià)

A：I want to ask for a leave.

2. 吗 ma

疑问助词"吗"表示疑问语气，在陈述句句尾构成疑问句。

The interrogative particle "ma" indicates a question and forms a question at the end of a declarative sentence.

Q：你想去踢足球吗？(nǐ xiǎng qù tī zú qiú ma)

Q：Do you want to play football?

Q：你吃饭了吗？(nǐ chī fàn le ma)

Q：Have you eaten?

3. 怎么 zěn me

疑问代词"怎么"用在动词前，询问动作的方式。

The interrogative pronoun "zen me" is used before a verb to inquire about the action.

Q： nǐ zěn me qù shàng bān
你怎么去上班？

Q：How do you go to work?

A： wǒ kāi chē qù shàng bān
我开车去上班。

A：I go to work by car.

B： wǒ zǒu lù qù shàng bān
我走路去上班。

B：I walk to work.

liàn xí
练 习
Practice

yī pǐ pèi
一、匹配

Match each sentence with the suitable picture

A    B

C    D

第三课　工作和生活

1. <ruby>我<rt>wǒ</rt></ruby> <ruby>下<rt>xià</rt></ruby> <ruby>班<rt>bān</rt></ruby> <ruby>后<rt>hòu</rt></ruby> <ruby>踢<rt>tī</rt></ruby> <ruby>足<rt>zú</rt></ruby> <ruby>球<rt>qiú</rt></ruby>。　　　　　　　　　（　　）

2. <ruby>你<rt>nǐ</rt></ruby> <ruby>吃<rt>chī</rt></ruby> <ruby>早<rt>zǎo</rt></ruby> <ruby>饭<rt>fàn</rt></ruby> <ruby>了<rt>le</rt></ruby> <ruby>吗<rt>ma</rt></ruby>？　　　　　　　　　　（　　）

3. <ruby>我<rt>wǒ</rt></ruby> <ruby>骑<rt>qí</rt></ruby> <ruby>摩<rt>mó</rt></ruby> <ruby>托<rt>tuō</rt></ruby> <ruby>车<rt>chē</rt></ruby> <ruby>上<rt>shang</rt></ruby> <ruby>班<rt>bān</rt></ruby>。　　　　　　　（　　）

<ruby>二<rt>èr</rt></ruby>、<ruby>情景对话<rt>qíng jǐng duì huà</rt></ruby>

Situation dialogue

Introduce and discuss with your friends what to do after work.

<ruby>三<rt>sān</rt></ruby>、<ruby>写汉字<rt>xiě hàn zì</rt></ruby>

Write Chinese characters

| 上 | shàng 笔顺：上　丨卜上 | 上 | | 上 | | | |

| 下 | xià 笔顺：下　一丅下 | 下 | | 下 | | | |

| 班 | bān 笔顺：班　一二十王王玎玨玨班班 | 班 | | 班 | | | |

| 吃 | chī 笔顺：吃　丨口口叮吃吃 | 吃 | | 吃 | | | |

019

第四课　公司场所
Lesson 4　Places in company

教学目标
Teaching objects

◆ 数字（11-100）

　　Number

◆ 公司场所

　　Places in company

课　文 1
Text　1

A：你好，哈菲兹。　　　　　A：Hello, Hafiz.

B：你好。　　　　　　　　　B：Hello.

A：我们班有多少人？　　　　A：How many people are there in our class?

第四课　公司场所

B：wǒ men bān yǒu　　gè rén
我们班有 25 个人。　　　　　　B：Our class has 25 students.

A：zhè shì nǎ
这是哪？　　　　　　　　　　　A：Where is this?

B：zhè shì gōng zuò qū
这是工作区。　　　　　　　　　B：This is working zone.

A：nà shì nǎ
那是哪？　　　　　　　　　　　A：Where is that?

B：nà shì shēng huó qū
那是生活区。　　　　　　　　　B：That is living zone.

A：xiè xie
谢谢！　　　　　　　　　　　　A：Thank you!

B：bú kè qì
不客气！　　　　　　　　　　　B：You are welcome!

课文 2
Text 2

A：zǎo shang hǎo
早上好。　　　　　　　　　　　A：Good morning.

B：zǎo shang hǎo
早上好。　　　　　　　　　　　B：Good morning.

A：nǐ qù nǎ
你去哪？　　　　　　　　　　　A：Where are you going?

B：wǒ qù zhá gāng chǎng　　nǐ qù ma
我去轧钢厂，你去吗？　　　　　B：I go to the steel rolling plant, do you want to go there?

A：wǒ bú qù
我不去。　　　　　　　　　　　A：I don't go.

B：nǐ qù nǎ
你去哪？　　　　　　　　　　　B：Where are you going?

A：wǒ qù chāo shì
我去超市。　　　　　　　　　　A：I go to the supermarket.

021

B：<ruby>再见<rt>zài jiàn</rt></ruby>。　　　　　　B: Goodbye.

A：<ruby>再见<rt>zài jiàn</rt></ruby>。　　　　　　A: Goodbye.

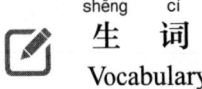

<ruby>有<rt>yǒu</rt></ruby>	<ruby>这<rt>zhè</rt></ruby>	<ruby>那<rt>nà</rt></ruby>	<ruby>工作区<rt>gōng zuò qū</rt></ruby>	<ruby>生活区<rt>shēng huó qū</rt></ruby>	<ruby>办公室<rt>bàn gōng shì</rt></ruby>
<ruby>会议室<rt>huì yì shì</rt></ruby>	<ruby>祈祷室<rt>qí dǎo shì</rt></ruby>	<ruby>行政楼<rt>xíng zhèng lóu</rt></ruby>	<ruby>去<rt>qù</rt></ruby>	<ruby>食堂<rt>shí táng</rt></ruby>	<ruby>宿舍<rt>sù shè</rt></ruby>
<ruby>厕所<rt>cè suǒ</rt></ruby>	<ruby>超市<rt>chāo shì</rt></ruby>				

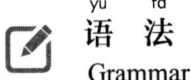

1. <ruby>数字<rt>shù zì</rt></ruby>（11-100）

　　Number

11	12	13	14	15	16	17	18	19
21	22	23	24	25	26	27	28	29
20	30	40	50	60	70	80	90	100

第四课　公司场所

2. 有
Have

Q：^{wǒ men bān yǒu duō shǎo rén}
　　我们班有多少人？

Q：How many people are there in our class?

A：^{wǒ men bān yǒu　　gè rén}
　　我们班有 14 个人。

A：There are 14 students in our class.

练习
Practice

一、匹配

Match the correct meaning

这 (zhè)	有 (yǒu)	那 (nà)
have	that	this

二、根据问句选择答句

Choose the answer according to the question

1. 我们班有多少人？（　　）　　A. 这是工作区。

2. 你去哪？（　　）　　　　　　B. 有 24 个人。

3. 这是哪？（　　）　　　　　　C. 我去超市。

023

三、数字炸弹

Digital bomb game

In a number range, there is a number as a bomb, who guess the bomb will be punished. For example, the range is 1～99, the bomb is 60, and then guess a number is 30, 30 is not a bomb, then now guess the range of the number is narrowed to 30～100. Another number, 80, and 80 isn't a bomb, so now it's narrowed down to from 30 to 80, you can't guess the value on the boundary (unless only the last few numbers are left) until someone guesses the bomb, and then the person who guesses the bomb is punished.

第五课　安全第一
Lesson 5　Safety first

教学目标
Teaching objects

◆ 防护用品

　　Protective equipment

◆ 警告标志

　　Warning sign

课　文
Text

A：你好，这里禁止进入。　　　　A：Hello, it is forbidden to enter here.

B：你好，我想找班长。　　　　　B：Hello, I want to find the monitor.

A：他去厕所了。　　　　　　　　A：He went to the bathroom.

B：他什么时候回来？　　　　　　B：When does he come back?

025

A：bàn gè xiǎo shí zuǒ yòu
半个小时左右。

B：wǒ zài zhè lǐ děng tā
我在这里等他。

A：hǎo de dàn shì qǐng dài hǎo ān quánmào
好的。但是请戴好安全帽。

B：qǐngwèn zhè lǐ kě yǐ xī yān ma
请问这里可以吸烟吗？

A：bù kě yǐ zhè lǐ jìn zhǐ xī yān
不可以，这里禁止吸烟。

B：hǎo de xiè xie
好的，谢谢。

A：bú kè qì
不客气。

A：About half an hour.

B：I am here waiting for him.

A：OK, but wear a safety helmet.

B：Is smoking allowed here?

A：No, smoking is not allowed here.

B：OK, thanks.

A：You're welcome.

生 词
Vocabulary

ān quánmào	shǒu tào	kǒu zhào	yǎn jìng	láo bǎo fú	láo bǎo xié
安全帽	手套	口罩	眼镜	劳保服	劳保鞋

yī fu	kù zi	chuān	dài	jǐng gào biāo zhì	dāng xīn
衣服	裤子	穿	戴	警告标志	当心

dāng xīn chù diàn	dāng xīn huá dǎo	dāng xīn chē liàng	dāng xīn diào wù	dāng xīn jī xiè shāng rén	jìn zhǐ biāo zhì
当心触电	当心滑倒	当心车辆	当心吊物	当心机械伤人	禁止标志

jìn zhǐ tōngxíng	jìn zhǐ jìn rù	jìn zhǐ xī yān	jìn zhǐ tíng liú	jìn zhǐ kuà yuè	ān quán chū kǒu
禁止通行	禁止进入	禁止吸烟	禁止停留	禁止跨越	安全出口

miè huǒ qì	yě
灭火器	也

第五课　安全第一

语法 (yǔ fǎ)
Grammar

1. "穿"(chuān) 和 (hé) "戴"(dài)

"Wear" and "wear"

（1）穿(chuān) + 劳保服(láo bǎo fú)

　　Wear + work clothes

（2）穿(chuān) + 劳保鞋(láo bǎo xié)

　　Wear + work shoes

（3）穿(chuān) + 衣服(yī fu)

　　Wear + clothes

（4）戴(dài) + 安全帽(ān quánmào)

　　Wear + safety helmet

（5）戴(dài) + 手套(shǒu tào)

　　Wear + gloves

（6）戴(dài) + 眼镜(yǎn jìng)

　　Wear + glasses

"Chuan" refers to "putting clothes, shoes and socks on the body", so it is the main and necessary.

027

"Dai" refers to "adding it to the head, face, neck, hands, etc.", that is, so it is secondary. Just for decoration.

2. 也
ye

also

（1）这里禁止吸烟。　　　　　　No smoking here.
　　　zhè lǐ jìn zhǐ xī yān

（2）那里禁止吸烟。　　　　　　No smoking there.
　　　nà lǐ jìn zhǐ xī yān

（3）这里禁止吸烟，那里也禁止吸烟。No Smoking here and there.
　　　zhè lǐ jìn zhǐ xī yān nà lǐ yě jìn zhǐ xī yān

 练习
liàn xí
Practice

一、匹配
yī pǐ pèi

Match the correct combination

chuān
穿

dài
戴

 yī fu 衣服 clothing
 mào zi 帽子 hat
 xié zi 鞋子 shoes
 yǎn jìng 眼镜 glasses
 kǒu zhào 口罩 mask
 kù zi 裤子 pants
 shǒu tào 手套 gloves

第五课　安全第一

二、情景对话
Situation dialogue

Use what you learned today to record a video of safety tips on the plant floor.

三、写汉字
Write Chinese characters

安	ān 笔顺：安　丶丶宀宀安安
全	quán 笔顺：全　ノ入个今全全
出	chū 笔顺：出　一凵中出出
口	kǒu 笔顺：口　丨冂口
火	huǒ 笔顺：火　丶丶丷火

029

第二阶段
专用篇

焦化篇

dì liù kè　　dān wèi yǔ gǎng wèi
第六课　单位与岗位
Lesson 6　Units and occupation

jiào xué mù biāo
教学目标
Teaching objects

◆ gōng zuò gǎng wèi
　　工作岗位

　　Job occupation

◆ shì　zì　jù
　　"是"字句

　　The "shi" sentence

◆ yòng qǐng　de qí shǐ jù
　　用"请"的祈使句

　　Imperative sentences with "qing"

033

课 文 1
Text 1

A：你好！

B：你好！

A：你是化验员哈菲兹吗？

B：我不是化验员哈菲兹。

A：不好意思，请问你是？

B：我是司机哈菲。

A：哈菲，请问哈菲兹在哪里？

B：我不知道，你可以问班长。

A：你们班长叫什么名字？

B：他叫李华。

A：好的，谢谢，再见。

B：不客气，再见。

A：Hello!

B：Hello!

A：Are you laboratory technician Hafiz?

B：I am not the laboratory technician Hafiz.

A：Excuse me, who are you?

B：I am driver Hafi.

A：Hafi, do you know where Hafiz is?

B：I don't know, you can ask the monitor.

A：What is the name of your monitor?

B：His name is Li Hua.

A：OK, Thank you! Goodbye!

B：You're welcome. Goodbye!

课文 2
Text 2

A：李班长，你好！

B：你好！请问你是？

A：我是企管部郑主任。

B：郑主任好，请坐。

A：谢谢，我找化验员哈菲兹。

B：他怎么了？

A：他的合同快到期了。

B：好的，我让他过来。

A：好的，谢谢。

B：喂，哈菲兹，你在哪里？

C：你好，李班长，我在化验室。

B：在忙吗？

C：不忙。

A：Hello, monitor Li!

B：Hello! May I ask who you are?

A：I am Director Zheng of the Enterprise Management Department.

B：Hello Director Zheng, please take a seat.

A：Thank you. I'm looking for laboratory technician Hafiz.

B：What's wrong with him?

A：His contract is about to expire.

B：Okay, I'll ask him to come over.

A：Okay, thank you.

B：Hello Hafiz, where are you?

C：Hello monitor Li, I am in the laboratory.

B：Are you busy?

C：Not busy.

B：xiàn zài kě yǐ lái bàn gōng shì ma?
现在可以来办公室吗？

B: Can you come to the office now?

C：wǒ mǎ shàng guò qù.
我马上过去。

C: I'll be right over.

生词 Vocabulary

| huà yàn yuán | sī jī | pí dài gōng | cāo zuò gōng | diàn gōng | bān zhǎng |
| 化验员 | 司机 | 皮带工 | 操作工 | 电工 | 班长 |

| zhǔ rèn | chǎng zhǎng | bù zhī dào | kě yǐ | zuò | máng |
| 主任 | 厂长 | 不知道 | 可以 | 坐 | 忙 |

| mǎ shàng |
| 马上 |

语法 Grammar

1. "shì zì jù
   "是"字句

The "shi" sentence

"是"字句是由"是"构成的判断句，用于表达人或事物等于什么或者属于什么。其否定形式是在"是"前加上否定副词"不"。

第六课　单位与岗位

A "Shi" sentence is a determinative sentence with "shi", indicating what somebody or something equals or belongs to. The negative sentence is formed by adding the negative adverb "bu" before "shi".

nǐ shì huà yàn yuán ma
Q：你是化验员吗？

Q：Are you a laboratory technician?

wǒ shì huà yàn yuán
A：我是化验员。

A：Yes, I am laboratory technician.

wǒ bú shì huà yàn yuán
B：我不是化验员。

B：No, I am not a laboratory technician.

yòng qǐng de qí shǐ jù
2. 用"请"的祈使句

Imperative sentences with "qing"

dòng cí qǐng hòu jiā qí tā dòng cí kě yǐ gòu chéng yì zhǒng qí shǐ jù biǎo shì jiàn yì xī wàng duì
动词"请"后加其他动词可以构成一种祈使句，表示建议、希望对
fāng zuò mǒu shì
方做某事。

When the verb "qing" is used before another verb, an imperative sentence is formed, indicating a polite suggestion or hope.

（1）qǐng zuò请坐　　Sit down please

（2）qǐng kàn请看　　Have a look please

（3）qǐng wèn请问　　Could you please

钢铁职业汉语教程

liàn xí
练 习
Practice

yī   pǐ pèi
一、匹配

Match the correct meaning

huà yàn yuán
化验员

sī jī
司机

pí dài gōng
皮带工

cāo zuò gōng
操作工

diàn gōng
电工

二、情景对话 (èr、qíng jǐng duì huà)
Situation dialogue

Discuss your job positions with each other, and then introduce yourself and your friends' job positions to everyone.

三、写汉字 (sān、xiě hàn zì)
Write Chinese characters

工	gōng 笔顺：工 一丅工
工	工　　　工

人	rén 笔顺：人 ノ人
人	人　　　人

厂	chǎng 笔顺：厂 一厂
厂	厂　　　厂

长	cháng 笔顺：长 ノ一长长
长	长　　　长

请	qǐng 笔顺：请 、讠讠讠请请请请请
请	请　　　请

钢铁职业汉语教程

第七课 焦化厂设备
Lesson 7　Coking plant equipment

教学目标
Teaching objects

◆ 焦化厂设备

　　Coking plant equipments

◆ 方位词（一）

　　Directions 1

◆ 程度副词"太"

　　Adverb of degree "tai"

课文 1
Text 1

A：这是什么设备？　　　　A：What equipment is this?

B：这是煤塔。　　　　　　B：This is the coal tower.

A：煤塔后边是什么？　　　A：What is behind the coal tower?

040

第七课　焦化厂设备

B：煤塔后边是焦炉。 — B: Behind the coal tower is the coke oven.

A：焦炉左边有什么？ — A: What is on the left side of the coke oven?

B：焦炉左边有推焦车。 — B: There is a coke pusher on the left side of the coke oven.

A：焦炉右边有什么？ — A: What is on the right side of the coke oven?

B：焦炉右边有熄焦车。 — B: There is a quenching car on the right side of the coke oven.

A：这是水泵吗？ — A: Is this a water pump?

B：不是，这是粉碎机。 — B: No, this is a grinder.

A：粉碎机前边是振动筛吗？ — A: Is there a vibrating screen in front of the grinder?

B：是的。 — B: Yes.

课　文 2
Text 2

A：你在焦化厂做什么工作？ — A: What do you do in a coking plant?

B：我在焦化厂检查焦炉。 — B: I am checking the coke oven at the coking plant.

A：焦炉在哪里？ — A: Where is the coke oven?

041

B：<ruby>焦<rt>jiāo</rt></ruby><ruby>炉<rt>lú</rt></ruby><ruby>在<rt>zài</rt></ruby><ruby>炼<rt>liàn</rt></ruby><ruby>焦<rt>jiāo</rt></ruby><ruby>车<rt>chē</rt></ruby><ruby>间<rt>jiān</rt></ruby>。　　B：The coke oven is in the coking workshop.

A：<ruby>炼<rt>liàn</rt></ruby><ruby>焦<rt>jiāo</rt></ruby><ruby>车<rt>chē</rt></ruby><ruby>间<rt>jiān</rt></ruby><ruby>在<rt>zài</rt></ruby><ruby>哪<rt>nǎ</rt></ruby><ruby>里<rt>lǐ</rt></ruby>？　　A：Where is the coking workshop?

B：<ruby>在<rt>zài</rt></ruby><ruby>办公楼<rt>bàngōnglóu</rt></ruby><ruby>后边<rt>hòubian</rt></ruby>。　　B：It's behind the office building.

A：<ruby>你<rt>nǐ</rt></ruby><ruby>可以<rt>kěyǐ</rt></ruby><ruby>带<rt>dài</rt></ruby><ruby>我<rt>wǒ</rt></ruby><ruby>过去<rt>guòqu</rt></ruby><ruby>吗<rt>ma</rt></ruby>？　　A：Can you take me over?

B：<ruby>可以<rt>kěyǐ</rt></ruby>，<ruby>跟<rt>gēn</rt></ruby><ruby>我<rt>wǒ</rt></ruby><ruby>来<rt>lái</rt></ruby>。　　B：Sure, come with me.

A：<ruby>我们<rt>wǒmen</rt></ruby><ruby>离<rt>lí</rt></ruby><ruby>炼焦车间<rt>liànjiāochējiān</rt></ruby><ruby>远<rt>yuǎn</rt></ruby><ruby>吗<rt>ma</rt></ruby>？　　A：Are we far from the coking workshop?

B：<ruby>不<rt>bù</rt></ruby><ruby>远<rt>yuǎn</rt></ruby>，<ruby>前边<rt>qiánbian</rt></ruby><ruby>就是<rt>jiùshì</rt></ruby>。　　B：Not far, just ahead.

A：<ruby>这里<rt>zhèlǐ</rt></ruby><ruby>太<rt>tài</rt></ruby><ruby>热<rt>rè</rt></ruby><ruby>了<rt>le</rt></ruby>。　　A：It's very hot here.

B：<ruby>是的<rt>shìde</rt></ruby>，<ruby>焦炉<rt>jiāolú</rt></ruby><ruby>附近<rt>fùjìn</rt></ruby><ruby>太<rt>tài</rt></ruby><ruby>热<rt>rè</rt></ruby><ruby>了<rt>le</rt></ruby>。　　B：Yes, it's very hot near the coke oven.

<ruby>生词<rt>shēng cí</rt></ruby> Vocabulary

<ruby>设备<rt>shèbèi</rt></ruby>	<ruby>煤塔<rt>méitǎ</rt></ruby>	<ruby>焦炉<rt>jiāolú</rt></ruby>	<ruby>推焦车<rt>tuījiāochē</rt></ruby>	<ruby>熄焦车<rt>xījiāochē</rt></ruby>	<ruby>水泵<rt>shuǐbèng</rt></ruby>
<ruby>粉碎机<rt>fěnsuìjī</rt></ruby>	<ruby>振动筛<rt>zhèndòngshāi</rt></ruby>	<ruby>皮带<rt>pídài</rt></ruby>	<ruby>前<rt>qián</rt></ruby>	<ruby>后<rt>hòu</rt></ruby>	<ruby>左<rt>zuǒ</rt></ruby>
<ruby>右<rt>yòu</rt></ruby>	<ruby>远<rt>yuǎn</rt></ruby>	<ruby>近<rt>jìn</rt></ruby>	<ruby>冷<rt>lěng</rt></ruby>	<ruby>热<rt>rè</rt></ruby>	

第七课　焦化厂设备

yǔ　　fǎ
语　法
Grammar

1. 方位词（一）
Directions 1

qián 前	hòu 后	zuǒ 左	yòu 右
qiánbian 前边	hòubian 后边	zuǒbian 左边	yòubian 右边

2. 程度副词"太"
Adverb of degree "tai"

副词"太"表示程度深的意义。用"太"的句尾常带"了"。

The adverb "tai" indicates a high degree. "le" often used at the end of the sentences with "tai".

（1）这里太热了。

It's too hot here.

（2）太远了。

It's too far.

043

钢铁职业汉语教程

liàn xí
练 习
Practice

yī   pǐ pèi
一、匹配

Match the correct meaning

jiāo lú
焦 炉

xī jiāo chē
熄焦车

shuǐ bèng
水 泵

fěn suì jī
粉碎机

zhèndòngshāi
振动筛

第七课　焦化厂设备

二、情景对话 (èr qíngjǐng duìhuà)

Situation dialogue

You are a new staff in company, try to introduce to everyone where the coking plant equipment you know is located.

三、写汉字 (sān xiě hànzì)

Write Chinese characters

前	qián 笔顺：前 丶 丷 产 芢 前 前 前 前
后	hòu 笔顺：后 ノ 厂 厂 斤 斤 后 后
左	zuǒ 笔顺：左 一 ナ 左 左 左
右	yòu 笔顺：右 一 ナ 才 右 右

第八课 焦化厂工具
Lesson 8　Coking plant tools

教学目标
Teaching objects

✧ 焦化厂工具
　Coking plant tools

✧ 方位词（二）
　Directions 2

✧ 量词"个"
　Measure word "ge"

课文 1
Text 1

A：粉碎机怎么了？　　　　　　A：What's wrong with the grinder?

B：粉碎机坏了。　　　　　　　B：The grinder is broken.

A：我去看看。　　　　　　　　　A：I'll take a look.

B：你要用梯子吗?　　　　　　　　B：Do you want to use a ladder?

A：我要用梯子。　　　　　　　　　A：I need to use a ladder.

B：好的，给你。　　　　　　　　　B：Okay, here you are.

A：你有螺丝吗?　　　　　　　　　A：Do you have screws?

B：我没有螺丝。　　　　　　　　　B：I don't have any screws.

A：螺丝在哪里?　　　　　　　　　A：Where are the screws?

B：螺丝在推车下面。　　　　　　　B：The screws are under the cart.

A：我要四个螺丝。　　　　　　　　A：I need four screws.

B：我去拿。　　　　　　　　　　　B：I'll go get it.

课文2
Text 2

A：钉子在哪里?　　　　　　　　　A：Where are the nails?

B：钉子在推车里面，怎么了?　　　B：The nails is in the cart, what's wrong?

A：我想修理铁铲。　　　　　　　　A：I want to repair the shovel.

B：你要用锤子吗?　　　　　　　　B：Do you want to use a hammer?

A：我要用锤子。　　　　　　　　　A：I need to use a hammer.

钢铁职业汉语教程

B：<ruby>这<rt>zhè</rt></ruby> <ruby>个<rt>ge</rt></ruby> <ruby>锤<rt>chuí</rt></ruby> <ruby>子<rt>zi</rt></ruby> <ruby>可<rt>kě</rt></ruby> <ruby>以<rt>yǐ</rt></ruby> <ruby>吗<rt>ma</rt></ruby>？　　　　B：Is this hammer okay?

A：<ruby>太<rt>tài</rt></ruby> <ruby>大<rt>dà</rt></ruby> <ruby>了<rt>le</rt></ruby>，<ruby>有<rt>yǒu</rt></ruby> <ruby>没<rt>méi</rt></ruby> <ruby>有<rt>yǒu</rt></ruby> <ruby>小<rt>xiǎo</rt></ruby> <ruby>锤<rt>chuí</rt></ruby> <ruby>子<rt>zi</rt></ruby>？　　A：It's too big, do you have a small hammer?

B：<ruby>小<rt>xiǎo</rt></ruby> <ruby>锤<rt>chuí</rt></ruby> <ruby>子<rt>zi</rt></ruby> <ruby>在<rt>zài</rt></ruby> <ruby>门<rt>mén</rt></ruby> <ruby>外<rt>wài</rt></ruby>。　　　B：The small hammer is outside the door.

A：<ruby>找<rt>zhǎo</rt></ruby> <ruby>到<rt>dào</rt></ruby> <ruby>了<rt>le</rt></ruby>，<ruby>谢<rt>xiè</rt></ruby> <ruby>谢<rt>xie</rt></ruby> <ruby>你<rt>nǐ</rt></ruby>。　　　A：Got it, thank you.

B：<ruby>不<rt>bú</rt></ruby> <ruby>客<rt>kè</rt></ruby> <ruby>气<rt>qi</rt></ruby>。　　　　　B：You're welcome.

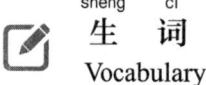

<ruby>生<rt>shēng</rt></ruby> <ruby>词<rt>cí</rt></ruby> Vocabulary

<ruby>梯子<rt>tī zi</rt></ruby>	<ruby>螺丝<rt>luó sī</rt></ruby>	<ruby>螺母<rt>luó mǔ</rt></ruby>	<ruby>推车<rt>tuī chē</rt></ruby>	<ruby>钉子<rt>dīng zi</rt></ruby>
<ruby>扳手<rt>bān shǒu</rt></ruby>	<ruby>上<rt>shàng</rt></ruby>	<ruby>下<rt>xià</rt></ruby>	<ruby>里<rt>lǐ</rt></ruby>	<ruby>外<rt>wài</rt></ruby>
<ruby>小<rt>xiǎo</rt></ruby>	<ruby>铁铲<rt>tiě chǎn</rt></ruby>	<ruby>大<rt>dà</rt></ruby>		

<ruby>语<rt>yǔ</rt></ruby> <ruby>法<rt>fǎ</rt></ruby> Grammar

1. <ruby>方位词<rt>fāng wèi cí</rt></ruby>（<ruby>二<rt>èr</rt></ruby>）

Directions 2

<ruby>上<rt>shàng</rt></ruby>	<ruby>下<rt>xià</rt></ruby>	<ruby>里<rt>lǐ</rt></ruby>	<ruby>外<rt>wài</rt></ruby>
<ruby>上面<rt>shàng miàn</rt></ruby>	<ruby>下面<rt>xià miàn</rt></ruby>	<ruby>里面<rt>lǐ miàn</rt></ruby>	<ruby>外面<rt>wài miàn</rt></ruby>

第八课　焦化厂工具

2. 量词"个"

Measure word "ge"

"个"是最常用的量词之一，一般用于没有专用量词的名词前。

"ge" is one of the most commonly used measure words, usually used before nouns without a specific measure word.

（1）一个阀门　　a valve　　（2）两个工具箱　　two toolboxes

练　习
Practice

一、匹配

Match the correct meaning

钉子

螺丝

锤子

推车

扳手

049

二、情景对话

Situation dialogue

Please introduce the tools of the coking plant to the new employees.

三、写汉字

Write Chinese characters

大	dà 笔顺：大 一 ナ 大	大　　　　大
小	xiǎo 笔顺：小 亅 亅 小	小　　　　小
母	mǔ 笔顺：母 乚 ㄅ 母 母	母　　　　母
具	jù 笔顺：具 丨 冂 闩 日 旦 具 具	具　　　　具
里	lǐ 笔顺：里 丨 冂 日 日 甲 里 里	里　　　　里
外	wài 笔顺：外 丿 夕 夕 外 外	外　　　　外

第九课　工作职责与点检
Lesson 9　Job responsibilities and inspection

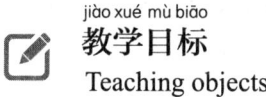
Teaching objects

- 工作职责
  Job responsibilities

- 防护用品
  Protective equipment

- 动词"去"
  The verb "qu"

kè wén
课 文
Text

A：nǐ qù nǎ lǐ
你去哪里？

B：wǒ qù liàn jiāo chē jiān
我去炼焦车间。

A：nǐ qù liàn jiāo chē jiān zuò shén me
你去炼焦车间做什么？

B：wǒ qù jiǎn chá jiāo lú
我去检查焦炉。

A：yí dìng yào chuān fáng hù fú
一定要穿防护服。

B：hǎo de
好的。

A：bú yào wàng jì dài fáng hù mào
不要忘记戴防护帽。

B：wǒ de fáng hù mào diū le
我的防护帽丢了。

A：wǒ zài gěi nǐ yí gè fáng hù mào
我再给你一个防护帽。

B：xiè xie
谢谢。

nǐ fù zé shén me gōng zuò
你负责什么工作？

A：wǒ fù zé xiū lǐ shuǐ bèng
我负责修理水泵。

A：Where are you going?

B：I'll go to the coking workshop.

A：What are you doing in the coking workshop?

B：I'll go check the coke oven.

A：Be sure to wear protective clothing.

B：OK.

A：Don't forget to wear a safety helmet.

B：I lost my safety helmet.

A：I'll give you another safety helmet.

B：Thank you.

What job are you responsible for?

A：I am responsible for repairing the water pump.

第九课　工作职责与点检

生词 shēng cí
Vocabulary

| fù zé | jiǎn chá | xiū lǐ | diū | gěi |
| 负责 | 检查 | 修理 | 丢 | 给 |

语法 yǔ fǎ
Grammar

1. "去" 表意图
   qù　biǎo yì tú

表示说话人想要做某事，通常出现在口语中。
biǎo shì shuō huà rén xiǎng yào zuò mǒu shì　tōng cháng chū xiàn zài kǒu yǔ zhōng

To indicate that the speaker wants to do something, usually used in spoken Chinese.

主语 + 去 + 动词 + 名词
zhǔ yǔ　qù　dòng cí　míng cí

Subject+ qù+ Verb. + Noun.

（1）我去检查焦炉。
wǒ qù jiǎn chá jiāo lú

I'm going to check the coke oven.

（2）我去修理皮带。
wǒ qù xiū lǐ pí dài

I'm going to repair the water pump.

053

钢铁职业汉语教程

liàn xí 练 习
Practice

一、匹配 yī pǐ pèi

Match each question with the suitable sentence

nǐ qù jiāo lú chē jiān zuò shén me
你去焦炉车间做什么？

wǒ fù zé xiū lǐ shuǐbèng
我负责修理水泵。

hā fēi zī fù zé shén me gōngzuò
哈菲兹负责什么工作？

wǒ qù jiǎn chá jiāo lú
我去检查焦炉。

nǐ fù zé shén me gōngzuò
你负责什么工作？

hā fēi zī fù zé ān quán jiǎn chá
哈菲兹负责安全检查。

二、情景对话 èr qíng jǐng duì huà

Situation dialogue

Introduce your job responsibilities and protective equipments to your friends.

三、写汉字 sān xiě hàn zì

Write Chinese characters

忘	wàng 笔顺：忘 丶亠亡产忘忘忘
	忘　　　忘

记	jì 笔顺：记 丶讠记记记
	记　　　记

054

第九课　工作职责与点检

丢	diū 笔顺：丢 一二千壬丢丢
作	zuò 笔顺：作 丿亻化仁作作
负	fù 笔顺：负 丿ㄅㄇ负负
责	zé 笔顺：责 一二十キ丰青责责
防	fáng 笔顺：防 乛阝阝阝防防
护	hù 笔顺：护 一十扌扩护护

055

炼铁篇

第十课　单位与岗位
Lesson 10　Units and occupation

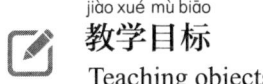
教学目标
Teaching objects

◇ 单位名称

Units

◇ 岗位名称

Occupation

课文 1
Text 1

A：早上好，哈菲兹。　　　　A：Good morning, Hafiz.

B：早上好，法蒂拉。　　　　B：Good morning, Fadilah.

A：你去哪里？　　　　　　　A：Where are you going?

B：我去上班。　　　　　　　B：I'm going to work.

A：你现在在哪里工作？　　　A：Where are you working at now?

B：我在联合钢铁大马集团公司上班。　　B：I'm working at Alliance Steel (M) Sdn. Bhd.

A：我知道联钢，在马中产业园。　　A：I know Alliance Steel, it's in the MCIKP.

B：是的，就在关丹。　　　　B：Yes, it is in Kuantan.

A：我在联钢炼铁厂，你在哪个厂？　　A：I'm in Iron-making plant in Alliance Steel, which plant are you in?

B：我也在炼铁厂，我在维车间。你在哪个车间？　　B：I'am also in the iron-making plant, in maintenance workshop. Which workshop are you in?

A：我在运行车间。　　　　　A：I'm in the running workshop.

第十课 单位与岗位

课文 2
kè wén
Text 2

A：hā fēi zī xià bān le
哈菲兹！下班了？

B：duì nǐ yě xià bān le
对，你也下班了？

A：èn nǐ xiàn zài qù nǎ huí jiā ma
嗯，你现在去哪？回家吗？

B：bù wǒ qù bàn gōng shì zhǎo dèng zhǔ rèn
不，我去办公室找邓主任，
nǐ zhī dào shuí shì dèng zhǔ rèn ma
你知道谁是邓主任吗？

A：nà ge dài bái sè fáng hù mào de rén shì
那个戴白色防护帽的人是
dèng zhǔ rèn
邓主任。

B：dèng zhǔ rèn páng biān nà ge rén shì shuí
邓主任旁边那个人是谁？

A：nà shì jiāo huà chǎng de wáng chǎng zhǎng
那是焦化厂的王厂长。

B：hǎo de xiè xie
好的，谢谢。

A：bú kè qì
不客气。

A：Hi Hafiz! Do you get off work?

B：Yes, you are also getting off work?

A：Yes, where are you going now? home?

B：No, I have to meet office director Mr Deng in the office. Do you know who is Mr Deng?

A：The man with the white helmet is Mr Deng.

B：Who is the man beside Mr Deng?

A：That's the leader of the coking plant.

B：Okay, thanks.

A：You're welcome.

059

生词 Vocabulary

péng hēng	guān dān	mǎ zhōng chǎn yè yuán	liàn tiě chǎng	yuán liào chǎng	shēng jì kē
彭亨	关丹	马中产业园	炼铁厂	原料厂	生技科

jiāo huà chǎng	liàn gāng chǎng	zhá gāng chǎng	yuán liào chē jiān	wéi xiū chē jiān	qiú tuán chē jiān
焦化厂	炼钢厂	轧钢厂	原料车间	维修车间	球团车间

yùn xíng chē jiān	shāo jié chē jiān	shí huī yáo	gòng liào chē jiān	gāo lú chē jiān	gǎng wèi
运行车间	烧结车间	石灰窑	供料车间	高炉车间	岗位

kē zhǎng	yuán gōng	lián hé gāng tiě dà mǎ jí tuán gōng sī
科长	员工	联合钢铁大马集团公司

语法 Grammar

1. 在 Prep.　　　在 + Some Person/Place

Used before a place or location to express where something happen.

Q：你在哪里工作？

Q：Where are you working in?

A：我在炼铁厂工作。

A：I am working in Iron-making Plant.

第十课　单位与岗位

2. qù
去 +Some Place +Verb Phrase

A：我去炼铁厂上班。
wǒ qù liàn tiě chǎng shàng bān

A：I go to Iron-making Plant to work.

B：我去办公室找邓主任。
wǒ qù bàn gōng shì zhǎo dèng zhǔ rèn

B：I go to office to find Mr Deng.

3. 也　Too, also
yě

A：我也在炼铁厂。
wǒ yě zài liàn tiě chǎng

A：I work in Iron-making Plant too.

B：你也下班了？
nǐ yě xià bān le

B：Are you off the work too?

练　习
Practice

一、情景对话
Make dialogues according to the pictures

061

二、匹配

Match the correct meaning.

炼铁厂   Staff
原料车间   Too
厂长   Leader
员工   Raw material workshop
也   Iron-making plant

三、写汉字

Write Chinese characters

炼	liàn 笔顺：炼 丶丶㇀火 灯 炉 炉 炼 炼
铁	tiě 笔顺：铁 丿𠂉 ㇀ 钅 钅 铁 铁 铁
原	yuán 笔顺：原 一 厂 厂 厂 厉 原 原 原
去	qù 笔顺：去 一 十 土 去 去
也	yě 笔顺：也 ㇇ ㇂ 也

第十一课 炼铁厂设备
Lesson11 Iron-making plant equipment

教学目标
Teaching objects

✧ 设备名称

The name of equipment

✧ 指示代词

Demonstrative pronoun

课 文 1
Text 1

A：早上好，王班长，今天我们做什么？

A: Good morning, monitor Wang, what shall we do today?

B：你好，哈菲兹，今天我们要检修机器。

B: Hello, Hafiz, today we will check the machine.

钢铁职业汉语教程

A：好的，炼铁厂有什么设备要检修？
B：今天要检查热风炉。
A：热风炉在哪里？
B：热风炉在烧结车间。烧结车间到了。
A：哪个是热风炉？
B：那个是热风炉。
A：这是什么？
B：这是圆盘给料机。

A: Okay, what equipment should be checked in Iron-making plant?
B: We will check the blast stove today.
A: Where is the blast stove?
B: The blast stove is in the sintering work shop. The sintering workshop is arriving.
A: Which is the blast stove?
B: That's blast stove.
A: What's this?
B: This is disk feeder.

课文 2
Text 2

A：小李，我想看看热风炉。
B：好的，王班长，热风炉在这里。
A：热风炉有问题吗？

A: Li, I want to have a look on the blast stove.
B: Okay, monitor, here is the blast stove.
A: Is there something wrong with the blast stove?

064

第十一课 炼铁厂设备

B：méi yǒu wèn tí 没有问题，wǒ xiǎng zài jiǎn chá yí xià 我想再检查一下fēng jī 风机。

A：fēng jī zài nà li 风机在那里。

B：fēng jī yǒu wèn tí 风机有问题，wǒ jīn tiān xià wǔ lái 我今天下午来wéi xiū fēng jī 维修风机。

A：hǎo de xiè xie 好的，谢谢。

B：bú yòng kè qì 不用客气。

B：No problem, I'd like to check the fan also.

A：There is the fan.

B：There is something wrong with the fan, I will repair it this afternoon.

A：Ok, thanks.

B：You're welcome.

生 词 Vocabulary

yuán pán gěi liào jī	duī qǔ liào jī	rè fēng lú	chú chén xì tǒng	diàn zhá
圆盘给料机	堆取料机	热风炉	除尘系统	电闸

jiǎn sù jī	fēng jī	diàn jī	wéi xiū	fá mén
减速机	风机	电机	维修	阀门

xiǎng	yào	xiǎo chē
想	要	小车

065

语法
Grammar

1. 指示代词
Demonstrative pronoun

（1）这里　　　　　Here
（2）那里　　　　　There
（3）这个　　　　　This
（4）那个　　　　　That

2. 要

want

Subject. + 要 + Verb Phrase

Use to show someone will do something.

A：我要检查电机。

A：I will check the motor.

B：哈斯兰要维修阀门。

B：Haslan will repair the valve.

第十一课　炼铁厂设备

练　习
Practice

一、听一听

Number the pictures according to the reading

1				

二、填一填

Fill the blank with correct words

　　哪里　　　　　哪个　　　　　这个

1. ＿＿＿是灭火器？

2. 堆取料机在＿＿＿？

3. ＿＿＿是风机。

三、写汉字

Write Chinese characters

这	zhè	笔顺：这 丶亠广文这这

那	nà	笔顺：那 フヨヨ 月 那 那

想	xiǎng	笔顺：想 一十才木机相相相相想想想

要	yào	笔顺：要 一一一一一两西西要要要

第十二课　炼铁厂工具
Lesson 12　Iron-making plants tools

📝 教学目标
Teaching objects

◇ 工具

　　Tools

◇ 量词的使用

　　The use of quantifiers

◇ "在"表示动作进行

　　"Zai" indicates that the action is in progress

 课文 1
　　Text 1

A：哈菲兹，那里有螺丝吗？　　A：Hafiz, are there any screws?

B：有，这里有三个螺丝。　　　B：Yes, here are three screws.

069

钢铁职业汉语教程

A：<ruby>请给我一个螺丝<rt>qǐng gěi wǒ yí gè luó sī</rt></ruby>，<ruby>我在维修<rt>wǒ zài wéi xiū</rt></ruby><ruby>风机<rt>fēng jī</rt></ruby>。

B：<ruby>好的<rt>hǎo de</rt></ruby>，<ruby>给你<rt>gěi nǐ</rt></ruby>。

A：<ruby>谢谢<rt>xiè xie</rt></ruby>！

B：<ruby>上班记得戴安全帽<rt>shàng bān jì de dài ān quán mào</rt></ruby>，<ruby>注意安全<rt>zhù yì ān quán</rt></ruby>。

A：<ruby>好的<rt>hǎo de</rt></ruby>。

A：Please give me a screw. I'm repairing the fan.

B：OK, here you are.

A：Thank you!

B：Remember to wear a safety helmet and pay attention to safety at work.

A：Okay.

<ruby>课　文<rt>kè　wén</rt></ruby> 2
Text 2

A：<ruby>你好<rt>nǐ hǎo</rt></ruby>，<ruby>欢迎来炼铁厂<rt>huān yíng lái liàn tiě chǎng</rt></ruby>。

B：<ruby>你好<rt>nǐ hǎo</rt></ruby>，<ruby>我想看看厂区<rt>wǒ xiǎng kàn kàn chǎng qū</rt></ruby>。

A：<ruby>没问题<rt>méi wèn tí</rt></ruby>，<ruby>跟我来<rt>gēn wǒ lái</rt></ruby>。<ruby>这是员工哈菲兹<rt>zhè shì yuán gōng hā fēi zī</rt></ruby>。

B：<ruby>他是做什么的<rt>tā shì zuò shén me de</rt></ruby>？

A：<ruby>他是维修阀门的<rt>tā shì wéi xiū fá mén de</rt></ruby>。

B：<ruby>他在做什么<rt>tā zài zuò shén me</rt></ruby>？

A：Hello, welcome to the iron-making plant.

B：Hello, I would like to take a look at the factory area.

A：No problem, follow me. This is the staff, Hafiz.

B：What does he do?

A：He is responsible for repairing valves.

B：What is he doing?

070

第十二课　炼铁厂工具

A：tā zài jiǎn chá fá mén
他在检查阀门。
fá mén zěn me yàng hā fēi zī
阀门怎么样，哈菲兹？

H：fá mén yǒu diǎn er sōng wǒ yào bǎ fá mén nǐng jǐn
阀门有点儿松，我要把阀门拧紧。

A：hǎo de xīn kǔ le
好的，辛苦了。

A：He's checking the valve.
How's the valve, Hafiz?

H：The valve is a bit loose, I need to tighten it.

A：Okay, you are laborious.

生　词
Vocabulary

| wēn dù jì | luó sī mào | sōng jǐn | zhù yì | chǎng qū | yǒu diǎn |
| 温度计 | 螺丝帽 | 松紧 | 注意 | 厂区 | 有点 |

语　法
Grammar

1. zài 在

Be doing

biǎo shì dòng zuò zhèng zài jìn xíng
表示动作正在进行。

Indicates that the action is in progress.

Q：tā zài zuò shén me
他在做什么？

Q：What is he doing?

071

钢铁职业汉语教程

A：他在检查阀门。

A：He is checking the valve.

2. 量词"个""把"

Measure word "ge" "ba"

"个"是衡量工具中最常用的量词之一，一般用于没有专用量词的名词前。

"Ge" is one of the most commonly used quantifiers in measurement tools, usually used before nouns without a specific quantifier.

（1）一个阀门　　　a valve

（2）两个温度计　　two thermometers

"把"用于有柄或者有类似把手的工具。

"Ba" is used for tools with handles or similar handles.

（1）一把梯子　　　a ladder

（2）三把锤子　　　three hammers

3. 给

give

A + 给 + B + Noun.

（1）给我一把锤子。　Give me a hammer.

072

第十二课　炼铁厂工具

（2）给她一个螺丝。　　Give her a screw.
　　　gěi tā yí gè luó sī

（3）他给我一把梯子。　He gives me a ladder.
　　　tā gěi wǒ yì bǎ tī zi

 练　习
Practice

一、匹配
yī   pǐ pèi

Match each sentence with the suitable picture

A. 　　　　B.

C. 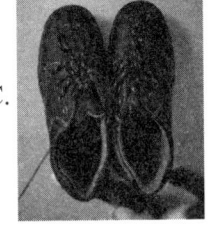　　　　D.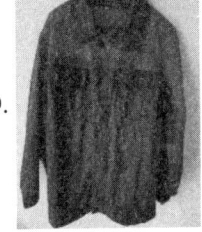

1. 我需要一把铁铲。　　　　（　）
   wǒ xū yào yì bǎ tiě chǎn

2. 请穿防护服。　　　　　　（　）
   qǐng chuān fáng hù fú

3. 扳手在哪里？　　　　　　（　）
   bān shǒu zài nǎ lǐ

073

二、情景对话

Situation dialogue

Imitate work scenarios and borrow tools from your colleagues.

三、写汉字

Write Chinese characters

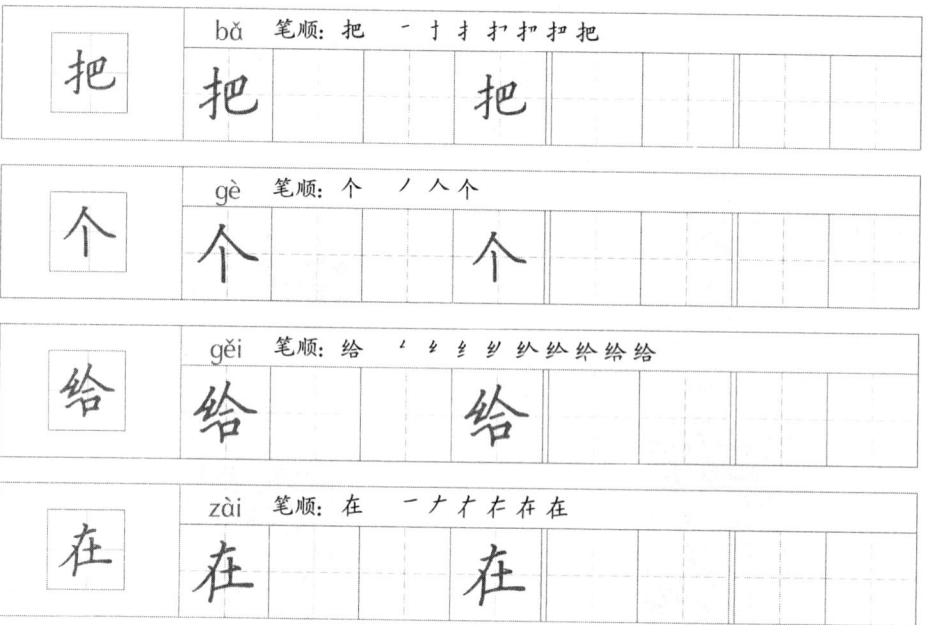

第十三课　工作职责与点检
Lesson 13　Job responsibilities and inspection

教学目标
Teaching objects

- 岗位职责
  Job responsibilities

- "把"字句
  "Ba" sentence

- 动宾短语
  The verb-object phrase

课 文
Text

A：你负责什么工作？　　　　　A：What job are you responsible for?

B：我负责修理电机，我是电工。　B：I am responsible for repairing the motor, I am an electrician.

A：请检查一下电机。　　　　　A：Please check the motor.

B：好的。　　　　　　　　　　B：Okay.

A：电机有问题吗？　　　　　　A：Is there a problem with the motor?

B：有问题，请把扳手给我。　　B：Something the matter. Please give me the wrench.

A：好的，用扳手做什么？　　　A：Okay. What to do with a wrench?

B：用扳手拧紧螺丝。　　　　　B：To tighten the screws.

生 词
Vocabulary

diàn gōng	pǔ gōng	tiān chē gōng	cāo zuò	wèn tí	nǐng jǐn
电工	普工	天车工	操作	问题	拧紧

tiáo jié	shàngshēng	xià jiàng	wánchéng
调节	上升	下降	完成

第十三课　工作职责与点检

语 法
Grammar

1. 负责

Subject + 负责 + Verb. + Equipment

（1）我负责维修电机。

　　I am responsible for repairing motor.

（2）我负责检查高炉。

　　I am responsible for checking the blast furnace.

2. "把"字句

A 把 B+Verb.+……

（1）他把阀门打开了。

　　He opened the valve.

（2）请把扳手给我。

　　Please give me a hammer.

否定形式和疑问形式中，否定副词和能愿动词等应放在"把"字前面。

In both negative and interrogative forms, negative adverbs and modal verbs should be placed before the word "ba".

（1）Subject. + Negative word + 把 + Verb Phrase

　　你没把报表给我。

　　You didn't give me the report.

077

（2）Subject. + Model Verb. + 把 + Verb Phrase +?

你可以把阀门打开吗？

Could you please open the valve?

dòng bīn duǎn yǔ
3. 动宾短语

Verb-object phrases

tiáo gāo wēn dù
（1）调高温度　　　Turn up the temperature

jiǎn chá rè fēng lú
（2）检查热风炉　　Check the hot blast stove

wéi xiū diàn jī
（3）维修电机　　　Repair the motor

cāo zuò fēng jī
（4）操作风机　　　Operate the fan

liàn xí
练 习
Practice

yī pǐ pèi
一、匹配

Match each question with the suitable sentence

nǐ xiǎng jiǎn chá nǎ ge shè bèi
1. 你想检查哪个设备？

wǒ fù zé xiū lǐ diàn jī
A. 我负责修理电机。

diàn jī yǒu wèn tí ma
2. 电机有问题吗？

wēn dù tài gāo le
B. 温度太高了。

nǐ fù zé shén me gōng zuò
3. 你负责什么工作？

wǒ xiǎng kàn kan gāo lú
C. 我想看看高炉。

wēn dù zěn me yàng
4. 温度怎么样？

méi yǒu wèn tí
D. 没有问题。

第十三课　工作职责与点检

二、情景对话
Situation dialogue

Introduce the work you are responsible for using the sentences learned in this lesson.

三、写汉字
Write Chinese characters

普　pǔ　笔顺：普　丶丷丷卉並竝普普普

通　tōng　笔顺：通　丶ㄋㄇ丙丙甬甬涌通通

问　wèn　笔顺：问　丶冂门门问问

题　tí　笔顺：题　丨ㄇ日日旦早早是是趆题题题

检　jiǎn　笔顺：检　一十才木木朴朴朴检检检

查　chá　笔顺：查　一十才木木杏杏查查

炼钢篇

第十四课　单位与岗位
Lesson 14　Units and occupation

教学目标
Teaching objects

✧ 职位和车间
　Position and workshop

✧ 岗位名称
　Occupation

✧ 人称代词
　Personal pronoun

课文 1
Text 1

A：你好！你在哪里工作？

B：你好！我在天车车间工作。

A：你做什么工作？

B：我是天车工。你呢？

A：我是皮带工。

B：他是谁？

A：他是炼钢厂的操作工哈菲兹。

B：您好！我在天车车间工作。

A：你做什么工作？

B：我是天车工。你呢？

A：我是皮带工。

A：Hello! Where are you working?

B：Hello! I am working at crane workshop.

A：What's your job?

B：I'm an overhead crane operator. And you?

A：I am a belt worker.

B：Who is he?

A：He is Hafiz, the operator at the steel making plant.

B：Hello! I am working at Crane workshop.

A：What's your job?

B：I'm an overhead crane operator. And you?

A：I am a belt worker.

第十四课　单位与岗位

B：tā shì shuí
他是谁？

B：Who is he?

A：tā shì liàn gāng chǎng de cāo zuò gōng hā fēi zī
他是炼钢厂的操作工哈菲兹。

A：He is Hafiz, the operator at the steel making plant.

生　词
Vocabulary

lián zhù chē jiān	tiān chē chē jiān	yùn zhuǎn chē jiān	zhuàn lú chē jiān	gōng fǔ chē jiān	lú cāo zuò gōng
连铸车间	天车车间	运转车间	转炉车间	公辅车间	炉操作工

cāo zuò gōng	chú chéng gōng	shuǐ bèng gōng	qì huà gōng	háng chē gōng	fèi gāng yuán
操作工	除尘工	水泵工	汽化工	行车工	废钢员

gāng pī guǎn lǐ yuán	shàng liào gōng	rè pō gōng	lú qián jīng liàn gōng hùn tiě
钢坯管理员	上料工	热泼工	炉前精炼工混铁

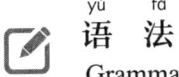
语　法
Grammar

1. rén chēng dài cí
人称代词

Personal pronoun

nǐ 你 you	nǐ de 你的 your	nǐ men 你们 you	nǐ men de 你们的 your
wǒ 我 I	wǒ de 我的 my	wǒ men 我们 we	wǒ men de 我们的 our
tā 她 she	tā de 她的 her	tā men 她们 they	tā men de 她们的 their
tā 他 he	tā de 他的 his	tā men 他们 they	tā men de 他们的 their

083

2. 是/不是

Yes/No

Q：你是炼钢厂的操作工哈菲兹吗？

Q：Are you Hafiz, the operator at the steel making plant?

A：是的。

A：Yes, I am.

B：不是。

B：No, I'm not.

练 习
Practice

一、匹配

Match the correct meaning

操作工　　　　　　　　　Electrician

除尘工　　　　　　　　　Scrap worker

废钢员　　　　　　　　　Dust removal worker

电工　　　　　　　　　　Operator

第十四课 单位与岗位

二、情景对话
Situation dialogue

Meet friends, introduce yourself and inquire about their job positions.

三、写汉字
Write Chinese characters

除	chú 笔顺：除 ⁷ ⱼ ⱼ 阝 阡 阾 除 除 除
车	chē 笔顺：车 一 ㄠ 车 车
尘	chén 笔顺：尘 丨 ⺌ 小 尘 尘 尘
员	yuán 笔顺：员 丶 ⼝ ⼝ 尸 吊 员 员
她	tā 笔顺：她 ⼄ ⼥ ⼥ 如 如 她
他	tā 笔顺：他 丿 亻 仴 仲 他

085

dì shí wǔ kè liàn gāng chǎng shè bèi
第十五课 炼钢厂设备
Lesson 15 Steel-making plant equipment

jiào xué mù biāo
教学目标
Teaching objects

- liàn gāng chǎng shè bèi
  炼钢厂设备

  Steel-making plant equipment

- zhǐ shì dài cí
  指示代词

  Demonstrative pronoun

- tǎo lùn gōng zuò
  讨论工作

  Discuss work

kè wén
课 文
Text

zǎo shang hǎo
A：早上好！ A：Good morning!

zǎo shang hǎo nǐ zài zuò shén me
B：早上好！你在做什么？ B：Good morning! What are you doing?

第十五课　炼钢厂设备

A：wǒ zài jiǎn chá shuǐ bèng
我在检查水泵。

B：wǒ yào kāi qì dòng fá
我要开气动阀。

A：hǎo de　méi wèn tí　děng yí xià
好的，没问题。等一下。

B：kě yǐ le ma
可以了吗？

A：kě yǐ le
可以了。

B：hǎo de
好的。

A：I'm checking the water pump.

B：I'm going to open the pneumatic valve.

A：OK, no problem. Wait a moment.

B：Is it ok?

A：OK.

B：OK.

生　词
Vocabulary

lián zhù jī	shuǐ bèng	zhuàn lú	qì dòng fá	tiān chē
连铸机	水泵	转炉	气动阀	天车

chā chē	kāi	guān	jīng liàn lú	hùn tiě lú
叉车	开	关	精炼炉	混铁炉

gāo yā kāi guān guì
高压开关柜

087

语法
Grammar

1. 指示代词

Demonstrative pronoun

Q：这 / 那是什么？

What is this/that?

A：这 / 那是气动阀。

This/That is the pneumatic valve.

2. 在

Be doing

表示动作正在进行。

Indicates that the action is in progress.

Q：你在做什么？

What are you doing?

A：我在修理水泵。

I am repairing water pump.

练习 (liàn xí)
Practice

一、匹配 (yī pǐ pèi)

Match the words with correct meaning

1. 皮带 (pí dài)（　）
2. 叉车 (chā chē)（　）
3. 连铸机 (lián zhù jī)（　）
4. 水泵 (shuǐbèng)（　）
5. 转炉 (zhuàn lú)（　）

A.

B.

C.

D.

E.

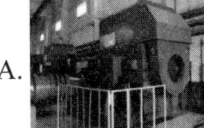

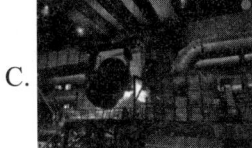

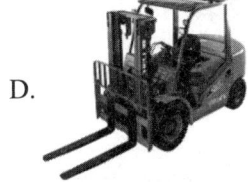

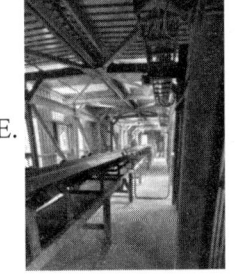

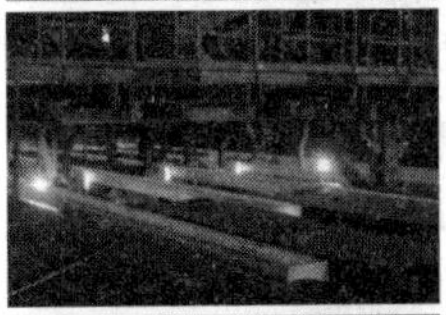

二、写拼音 (èr xiě pīn yīn)

Write the following in pinyin.

1. _____
2. _____
3. _____
4. _____
5. _____

三、写汉字 (sān xiě hàn zì)

Write Chinese characters

| 动 | dòng 笔顺：动 一 二 テ 云 刧 动 |
| 连 | lián 笔顺：连 一 匕 亡 车 车 诈 连 |

第十五课 炼钢厂设备

混	hùn 笔顺：混 丶丶氵氵汨汨汨泥混混
	混　　混

开	kāi 笔顺：开 一二于开
	开　　开

关	guān 笔顺：关 丶丶丷丷关关
	关　　关

炉	lú 笔顺：炉 丶丶丷火火炉炉炉
	炉　　炉

高	gāo 笔顺：高 丶一亠六古亨高高高
	高　　高

精	jīng 笔顺：精 丶丶丷丷半米米精精精精精
	精　　精

炼	liàn 笔顺：炼 丶丶丷火火炉炉炼炼
	炼　　炼

091

第十六课　炼钢厂工具
Lesson 16　Steel-making plant tools

 教学目标
Teaching objects

- 工具

  Tools

- 动词"用"

  The verb "yong"

- 程度副词"很""太""非常"

  Adverbs of degree "hen" "tai" "feichang"

 课文
Text

A：这是什么？　　　　　　A：What is this?

B：这是行车。　　　　　　B：This is crane.

第十六课　炼钢厂工具

háng chē kě yǐ zuò shén me
A：行车可以做什么？

wǒ men kāi háng chē diào yùn gāng pī
B：我们开行车吊运钢坯。

wǒ yào qù cè liáng wēn dù
A：我要去测量温度。

jīn tiān fēi cháng rè wēn dù tài gāo le
B：今天非常热，温度太高了。

shì de zài jiàn
A：是的，再见。

zài jiàn
B：再见。

A：What can crane do?

B：We drive the crane to lift the steel billet.

A：I'm going to measure the temperature.

B：Today is very hot, the temperature is too high.

A：Yes, bye.

B：Goodbye.

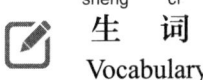

生　词
Vocabulary

huò chē	shēng wēn	jiàng wēn	cè wēn qiāng	sào bǎ	tuō bǎ
货车	升温	降温	测温枪	扫把	拖把

chèng	chēng zhòng	kè	qiān kè	dūn	bò ji
秤	称重	克	千克	吨	簸箕

语　法
Grammar

dòng cí　yòng
1. 动词"用"

The verb "yong"

yòng　zuò wéi dòng cí shǐ yòng shí yì si wéi　　shǐ yòng cǎi yòng　hòu cháng gēn míng cí
"用"作为动词使用时意思为：使用、采用。后常跟名词。

093

When used "yong" as a verb, it means to use or adopt. Often followed by a noun.

(1) 用测温枪测量温度。
yòng cè wēnqiāng cè liángwēn dù

Measure the temperature using a thermometer.

(2) 用扳手拧螺丝。
yòng bānshǒu nǐng luó sī

Use a wrench to tighten the screw.

(3) 用扫把扫地。
yòng sào bǎ sǎo dì

Use a broom to sweep the floor.

(4) 用秤称重。
yòng chèng chēng zhòng

Weigh with a scale.

2. 程度副词"很""非常""太"
chéng dù fù cí hěn fēi cháng tài

Adverbs of degree "hen" "tai" "feichang"

程度副词"很""非常""太"都可以用来表示程度非常高，后常跟形容词。其中"太"常用在"太……了"句式中。

Adverbs of degree "hen" "tai" "feichang" can be used to indicate a very high degree, often followed by adjectives. One of them "tai" is often used in the "tai……le" sentence pattern.

(1) 冷（cold cold-very cold-too cold）——很冷、非常冷、太冷了
lěng   hěn lěng fēi cháng lěng tài lěng le

(2) 热（hot hot-very hot-too hot）——很热、非常热、太热了
rè   hěn rè   fēi cháng rè   tài rè le

第十六课　炼钢厂工具

　　　　　dī
（3）低（low　low-very low-too low）——很低、非常低、太低了
　　　　　gāo
（4）高（high　high-very high-too high）——很高、非常高、太高了

liàn　xí
练　习
Practice

yī　pǐ pèi
一、匹配

Match each sentence with the suitable picture

A.

B.

C.

D.

　　yòng bān shǒu nǐng luó　sī
1. 用扳手拧螺丝。　　　（　　）

　　zhè lǐ yǒu sì bǎ chuí zi
2. 这里有四把锤子。　　（　　）

　　yòng wēn dù jì cè liáng wēn dù
3. 用温度计测量温度。　（　　）

èr　　kàn tú piàn xiě pīn yīn
二、看图片写拼音

Look at the picture and write the Pinyin.

1. _____

095

2. _____

3. _____

三、写汉字

Write Chinese characters

用	yòng 笔顺：用 ノ 几 月 月 用
	用　　　　用

子	zǐ 笔顺：子 ㄱ 了 子
	子　　　　子

非	fēi 笔顺：非 丿 亅 扌 扌 丰 非 非
	非　　　　非

太	tài 笔顺：太 一 ナ 大 太
	太　　　　太

第十七课　工作职责与点检

第十七课　工作职责与点检
Lesson 17　Job responsibilities and inspection

 教学目标
Teaching objects

◆ 工作职责

Job responsibilities

◆ 方位词（三）

Directions 3

 课　文
Text

A：你好，请问是哈菲兹吗？　　　A：Hello, is this Hafiz?

B：你好，是的。　　　　　　　　B：Hello, yes, I am Hafiz.

097

A：hā fēi zī哈菲兹，nǐ hé nǐ qī zi dōu zài你和你妻子都在liàn gāng chǎng gōng zuò ma炼钢厂工作吗？

A：Hafiz, do you and your wife both work in the steel making plant?

B：shì de是的，wǒ fù zé diào yùn gāng pī我负责吊运钢坯，tā fù zé kàn jiān kòng huà miàn她负责看监控画面。

B：Yes, I am in charge of lifting the steel billet, and she is in charge of watching the monitoring screen.

A：nǐ qī zi zài nǎ你妻子在哪？

A：Where is your wife?

B：tā zài wǒ páng biān她在我旁边。

B：She is next to me.

A：qǐng nǐ men yì qǐ lái wǒ bàn gōng shì请你们一起来我办公室。

A：Please come to my office together.

B：hǎo de好的。

B：Okay.

生 词
Vocabulary

| tuī | diào yùn | gāng pī | xiàng qián | xiàng hòu | wò |
| 推 | 吊运 | 钢坯 | 向前 | 向后 | 握 |

| lā | níng | cǎi | àn | kàn | tīng |
| 拉 | 拧 | 踩 | 按 | 看 | 听 |

| shàng | xiàng xià | xiàng zuǒ | xiàng yòu |
| 上 | 向下 | 向左 | 向右 |

第十七课　工作职责与点检

语法
Grammar

1. 主语 + 负责 + 动词 + 名词

Subject. + Responsible for+Verb.+ Noun.

（1）我负责按按钮。

I am responsible for pressing the button.

（2）我负责看监控画面。

I am responsible for looking monitor screen.

2. 询问方位

Enquiry the posion

A+ 在 + 哪儿?

A+ 在 +B+ 的 +……边 / 面。

Q：哈菲兹在哪儿?

Where is Hafiz?

A：哈菲兹在我的后面。

Hafiz is behind me.

099

钢铁职业汉语教程

liàn xí
练 习
Practice

yī、pǐ pèi
一、匹配

Match the words with correct meaning

　　　　　zuǒ
　　　　　左

　　　　　hòu
　　　　　后

　　　　　shàng
　　　　　上

　　　　　yòu
　　　　　右

　　　　　xià
　　　　　下

第十七课　工作职责与点检

二、看图写动词
Look at the picture and write the verbs

 _____　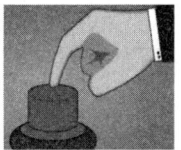 _____

 _____　 _____

三、写汉字
Write Chinese characters

推	tuī 笔顺：推 ー 扌 扌 扌 扩 扩 护 抖 拌 推 推
	推　　推

拉	lā 笔顺：拉 ー 扌 扌 扩 扩 拉 拉
	拉　　拉

按	àn 笔顺：按 ー 扌 扌 扩 扩 护 挖 按 按
	按　　按

吊	diào 笔顺：吊 丶 冂 曱 吊 吊 吊
	吊　　吊

101

轧钢篇

第十八课　单位与岗位
Lesson 18　Unit and occupation

教学目标
Teaching objects

◆ 工作单位

Unit

◆ 工作岗位

Occupation

课文 kèwén
Text

A：法蒂拉，你在哪里工作？ A：Fadilah, where are you working?

B：我在轧钢厂工作。 B：I'm working at steel rolling plant.

A：你做什么工作？ A：What is your job?

B：我是行车工。 B：I'm an overhead crane operator.

A：他是谁？ A：Who is he?

B：他是轧钢厂第二车间的精整工哈菲兹。 B：He's Hafiz, the finishing techician in the steel rolling plant's second workshop.

A：谢谢！ A：Thank you!

B：不客气。 B：You are welcome.

生词 shēngcí
Vocabulary

| 精整工 jīngzhěnggōng | 检验员 jiǎnyànyuán | 高线精整工 gāoxiànjīngzhěnggōng | 工作 gōngzuò | 第一车间 dìyīchējiān |

| 第二车间 dì'èrchējiān | 第三车间 dìsānchējiān | 第五车间 dìwǔchējiān |

第十八课　单位与岗位

语法 (yǔ fǎ)
Grammar

1. 姓 (xìng) + 职位 (zhí wèi)

Surname + position

（1）姜 (jiāng) + 老师 (lǎo shī)

（2）刘 (liú) + 厂长 (chǎngzhǎng)

（3）谢 (xiè) + 主任 (zhǔ rèn)

2. 介绍他人 (jiè shào tā rén)

Introduce others

Q1：他是谁？(tā shì shuí)

Q1：Who is he?

A1：他是轧钢厂第一车间行车工×××。(tā shì zhá gāng chǎng dì yī chē jiān háng chē gōng)

A1：He is ××× an overhead crane operator in steel rolling plant.

Q2：他是谁？(tā shì shuí)

Q2：Who is he?

A2：他是轧钢厂的刘厂长。(tā shì zhá gāng chǎng de liú chǎngzhǎng)

A2：He is Mr Liu the factory manager.

105

练习 liàn xí
Practice

一、匹配 yī pǐ pèi
Match the correct meaning

轧钢厂 zhá gāngchǎng   联钢 lián gāng   马中产业园 mǎ zhōngchǎn yè yuán

MCKIP   steel rolling plant   ASSB

二、根据问句选择答句 èr gēn jù wèn jù xuǎn zé dá jù
Choose the answer according to the question

1. 他是谁 tā shì shuí （ ）   A. 我是精整工。wǒ shì jīng zhěnggōng

2. 你做什么工作？nǐ zuò shén me gōng zuò （ ）   B. 我在轧钢厂。wǒ zài zhá gāngchǎng

3. 你在哪？nǐ zài nǎ （ ）   C. 他是检验员哈斯兰。tā shì jiǎn yàn yuán hā sī lán

三、情景对话 sān qíng jǐng duì huà
Situation dialogue

Tell your friends about your new friend at the mill. Introduce his name，age，job，etc.

第十九课 轧钢厂设备
Lesson 19　Steel rolling plant equipment

教学目标
Teaching objects

◆ 轧钢厂设备

　Steel rolling plant equipment

◆ 方位词（四）

　Directions 4

◆ 讨论天气

　Discuss the weather

课　文
Text

A：你好。　　　　　　　　A：Hello.

B：你好。　　　　　　　　B：Hello.

107

钢铁职业汉语教程

zhè shì shén me
A：这是什么？

A：What's this?

zhè shì jiā rè lú
B：这是加热炉。

B：This is the furnace.

hěn rè ma
A：很热吗？

A：Is it hot?

fēi cháng rè yǒu dù
B：非常热，有1000度。

B：Very hot, 1000 degrees.

xū yào jiàng wēn ma
A：需要降温吗？

A：Does it need to cool?

bù xū yào
B：不需要。

B：No, it dosen't.

xiàn cái zài nǎ er
A：线材在哪儿？

A：Where is the wire?

xiàn cái zài dǎ bāo jī qiánmian
B：线材在打包机前面。

B：The wire is in front of the baler.

xiè xie
A：谢谢。

A：Thank you.

bú kè qì
B：不客气。

B：You're welcome.

生　词
Vocabulary

xiàn cái	bàng cái	chéng pǐn	tǔ sī jī	fēnglěngxiàn	shuǐlěng
线材	棒材	成品	吐丝机	风冷线	水冷

lěngchuáng	jiā rè lú	shuāng xīn bàng	è yú jiǎn	pán juǎn jí fàng jià
冷床	加热炉	双芯棒	鳄鱼剪	盘卷集放架

108

语 法
Grammar

1. 询问天气

Ask about the weather

Q：今天天气怎么样？

How's the weather today?

A：今天非常热。

Very hot today.

B：今天不热。

Not hot today.

2. 询问方位

Ask for directions

Q：线材在哪儿？

Where is the wire?

A：线材在打包机的前面/后面。

Wire in front of/behind the baler.

liàn xí
练 习
Practice

yī、pǐ pèi
一、匹配

Match the words with correct meaning

    xiàn cái
1. 线材   ( )   A.

    lěng
2. 冷   ( )   B.

    xíng gōu
3. C 形钩   ( )   C.

    tǔ sī jī
4. 吐丝机   ( )   D.

    è yú jiǎn
5. 鳄鱼剪   ( )   E.

èr、xiě pīn yīn
二、写拼音

Write the following in pinyin

1. 1000℃ _____

第十九课　轧钢厂设备

2. _____

3. _____

4. _____

5. 660℃ _____

三、写汉字 (sān, xiě hàn zì)

Write Chinese characters

加	jiā 笔顺：加 フ カ 加 加
热	rè 笔顺：热 一 十 扌 扎 执 执 热 热 热
温	wēn 笔顺：温 丶 氵 沪 汩 泹 浥 浥 温 温 温
线	xiàn 笔顺：线 ㄥ ㄠ 纟 纟 线 线 线

111

dì èr shí kè zhá gāng chǎng gōng jù
第二十课 轧钢厂工具
Lesson 20 Steel rolling plant tools

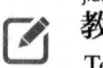

jiào xué mù biāo
教学目标
Teaching objects

gōng jù
✧ 工具

Tools

zhòngliàng
✧ 重量

Weight

kè wén
课 文 1
Text 1

wèi shì hā fēi zī ma
A：喂，是哈菲兹吗？

A：Hello! Is Hafiz here?

nǐ hǎo bān zhǎng wǒ shì hā fēi zī
B：你好！班长。我是哈菲兹。

B：Hello! monitor. I' m Hafiz.

nǐ néngyòng cè wēnqiāng cè liáng yí xià wēn dù ma
A：你能用测温枪测量一下温度吗？

A：Will you please measure the temperature with a thermometer?

第二十课　轧钢厂工具

B：好的。

A：法蒂拉，请用断线钳剪线材。

C：好的。

B：Okay.

A：Fadilah, please cut the wire with bolt cutters.

C：Okay.

课文 2
Text 2

A：喂，哈菲兹，你现在在哪？

B：我在第一车间。

A：请你驾驶2号行车去6号门装货。

B：班长，我正在3号行车吊运成品线材，现在不能去。

B：好的，再见。

A：再见。

A：Hello, Hafiz, where are you now?

B：I'm in the first workshop.

A：Please drive No. 2 crane to load at G6.

B：Leader, I am lifting finished wire rods on the No. 3 crane currently, so I cannot go there.

B：Okay, Goodbye.

A：Goodbye.

113

生词 shēng cí
Vocabulary

| jià shǐ | cè liáng | wēn dù | duànxiànqián |
| 驾驶 | 测量 | 温度 | 断线钳 |

| zhuāng huò | chéng pǐn xiàn cái |
| 装货 | 成品线材 |

语法 yǔ fǎ
Grammar

1. 用 yòng

Use

用 yòng +Tool+Verb.+Noun.

（1）用测温枪测量温度。 yòng cè wēnqiāng cè liángwēn dù   Measures the temperature with a thermometer gun.

（2）用钩子钩线材。 yòng gōu zi gōu xiàn cái   Hook the wire with a hook.

（3）用扳手拧螺丝。 yòng bān shǒu nǐng luó sī   Screw the screws with a wrench.

2. 重量 zhòngliàng

Weight

háo kè	kè	qiān kè	dūn
毫克	克	千克	吨
mg	g	kg	t

第二十课 轧钢厂工具

liàn xí
练 习
Practice

yī pǐ pèi
一、匹配
Match the correct meaning

qiān kè 千克   yòng 用   dūn 吨

t   use   kg

èr xiě pīn yīn
二、写拼音
Write the following in pinyin

1. 1000 t _____

2. 3 m _____

3. 700 g _____

sān lián cí chéng jù
三、连词成句
Conjunctions into sentences

cè wēnqiāng 测温枪   cè liáng 测量   yòng 用   wēn dù 温度

chéng pǐn xiàn cái 成品线材   jià shǐ 驾驶   diào yùn 吊运   háng chē 行车

115

第二十一课　工作职责与点检
Lesson 21　Job responsibilities and inspection

教学目标
Teaching objects

◇ 工作职责
　Job responsibilities

◇ 长度单位
　Unit of length

课文 1
Text 1

A：哈菲兹，你去检查设备能否正常运行。

B：报告班长，设备有问题，不能正常运行。

A：Hafiz, please go and check if the equipment is working normally.

B：Monitor, there are some problem with the equipment and it cannot operate normally.

第二十一课　工作职责与点检

A：好的，我给电工打电话。

B：请问电工检修设备要多长时间？

A：要四个小时。

B：我负责做什么工作？

A：你可以先打扫卫生。

B：好的。

A：OK，I'll call the electrician.

B：How long does it take for an electrician to overhaul the equipment?

A：For four hours.

B：What kind of work am I responsible for?

A：You can clean up first.

B：OK.

课文 2
Text 2

A：你好，很高兴认识你。

B：你好，我也是。

A：你在哪个车间工作？

B：我在第二车间工作。你呢？

A：我在第五车间工作。我是行车工。

A：Hello, nice to meet you.

B：Hi, me too.

A：Which workshop do you work in?

B：I work in the second workshop. How about you?

A：I work in workshop 5 and I am an overhead crane operator.

117

B：<ruby>行<rt>háng</rt></ruby><ruby>车<rt>chē</rt></ruby><ruby>工<rt>gōng</rt></ruby><ruby>负<rt>fù</rt></ruby><ruby>责<rt>zé</rt></ruby><ruby>什<rt>shén</rt></ruby><ruby>么<rt>me</rt></ruby>？

A：<ruby>行<rt>háng</rt></ruby><ruby>车<rt>chē</rt></ruby><ruby>工<rt>gōng</rt></ruby><ruby>负<rt>fù</rt></ruby><ruby>责<rt>zé</rt></ruby><ruby>吊<rt>diào</rt></ruby><ruby>运<rt>yùn</rt></ruby><ruby>成<rt>chéng</rt></ruby><ruby>品<rt>pǐn</rt></ruby><ruby>线<rt>xiàn</rt></ruby><ruby>材<rt>cái</rt></ruby>。<ruby>你<rt>nǐ</rt></ruby><ruby>负<rt>fù</rt></ruby><ruby>责<rt>zé</rt></ruby><ruby>什<rt>shén</rt></ruby><ruby>么<rt>me</rt></ruby><ruby>工<rt>gōng</rt></ruby><ruby>作<rt>zuò</rt></ruby>？

B：<ruby>我<rt>wǒ</rt></ruby><ruby>负<rt>fù</rt></ruby><ruby>责<rt>zé</rt></ruby><ruby>看<rt>kàn</rt></ruby><ruby>监<rt>jiān</rt></ruby><ruby>控<rt>kòng</rt></ruby><ruby>画<rt>huà</rt></ruby><ruby>面<rt>miàn</rt></ruby>。

B：What is the overhead crane operator responsible for?

A：The overhead crane operator is responsible for lifting the finished wire. What are you responsible for?

B：I am responsible for watching the surveillance footage.

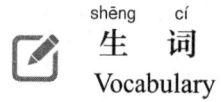

生词 shēng cí
Vocabulary

hé gé 合格	dǎ sǎo 打扫	wèi shēng 卫生	wéi hù 维护	jiān kòng 监控	huà miàn 画面
qiánggōng 钳工	shēng yīn 声音	shì fǒu 是否	zhèngcháng 正常	jiǎn xiū 检修	háo mǐ 毫米
lí mǐ 厘米	fēn mǐ 分米	mǐ 米	quē xiàn 缺陷	cháng 长	duǎn 短
qiān mǐ 千米	chǔ lǐ 处理				

第二十一课　工作职责与点检

语法 Grammar

1. 主语 + 负责 + 动词 + 名词

Subject.+Responsible for+Verb.+Noun.

（1）我负责打扫卫生。

　　I am responsible for cleaning up.

（2）电工负责检修设备。

　　The electrician is responsible for overhauling the equipment.

2. 询问

Enquiry

（1）能否

Is it possible to

Q：运卷小车能否正常运行？

　　Will the roll trolley operate properly?

A：能。

　　Can.

B：不能。

　　Can not.

（2）主语 + 有问题吗

Subject+have problem

119

钢铁职业汉语教程

shè bèi yǒu wèn tí ma
Q：设备有问题吗？

Is there a problem with the equipment?

yǒu wèn tí
A：有问题。

There are problems.

méi yǒu wèn tí
B：没有问题。

No problems.

liàn　xí
练　习
Practice

yī　 pǐ pèi
一、匹配

Match the words with correct meaning

1. 　　　　　　　　　wèn tí
　　　　　　　　　　　　　A. 问题

2. 　　　　　　　　　　àn
　　　　　　　　　　　　　B. 按

3. 　　　　　　　　　tīng
　　　　　　　　　　　　　C. 听

4. 　　　　　　　　　kàn
　　　　　　　　　　　　　D. 看

5. 　　　　　　　　　bào gào
　　　　　　　　　　　　　E. 报告

120

第二十一课　工作职责与点检

二、看图写句子

Look at the picture and write the sentence, please use "fu ze"

1. _____

2. _____

三、写汉字

Write Chinese characters

看	kàn 笔顺：看 一 二 三 手 看 看 看 看
听	tīng 笔顺：听 丨 口 口 吖 听 听
短	duǎn 笔顺：短 丿 ㄅ ㄣ 矢 矢 矢 矢 短 短 短
否	fǒu 笔顺：否 一 ア 才 不 不 否 否

121

参考文献

［1］陈莉萍.专门用途英语研究［M］.上海：复旦大学出版社，2000.

［2］单韵鸣.专门用途汉语教材的编写问题——以《科技汉语阅读教程》系列教材为例［J］.暨南大学华文学院学报，2008（2）：31-37.

［3］杜修平，李梦迪，尹晓静."中文＋职业教育"融合模式的构建逻辑［J］.中国职业技术教育，2023（9）：20-27.

［4］教育部、国家语言文字工作委员会.国际中文教育中文水平等级标准：GF 0025—2021[S].北京：北京语言大学出版社，2021：170-190.

［5］李泉，宫雪.通用型、区域型、语别型、国别型——谈国际汉语教材的多元化［J］.汉语学习，2015（1）：76-84.

［6］李泉.论专门用途汉语教学［J］.语言文字应用，2011（3）：110-117.

［7］李炜.职业教育"走出去"背景下的"中文＋职业技能"教材探索——《工业汉语·启航篇》的研发［J］.国际汉语，2021（00）：130-135.

［8］刘若云.基础汉语教材编写中语法点的复现问题［J］.中山大学学报论丛，2004（1）：220-222.

［9］陆俭明.进一步以科学态度对待汉语教材编写［C］//世界汉语教学学会.第九届国际汉语教学研讨会论文选.北京：高等教育出版社，2008：

850-857.

[10] 吕必松. 对外汉语教学发展概要［M］. 北京：北京语言大学出版社，1990.

[11] 田艳，陈磊. 对汉语教材结构体系中练习设置的分析与思考［J］. 语言教学与研究，2014（3）：28-35.

[12] 吴应辉，刘帅奇. 孔子学院发展中的"汉语+"和"+汉语"［J］. 国际汉语教学研究，2020（1）：34-37.

[13] 张晓慧，李扬. 关于研制商务汉语教学功能大纲的思考［C］// 世界汉语教学学会. 第九届国际汉语教学研讨会论文选. 北京：高等教育出版社，2008：400-407.

[14] 赵金铭. 教学环境与汉语教材［J］. 世界汉语教学，2009（2）：210-223.